洛克菲勒

写给儿子的38封信

品墨◎编译

中国商业出版社

图书在版编目(CIP)数据

洛克菲勒写给儿子的38封信／品墨编译. -- 北京：中国商业出版社，2020.12(2021.8重印)

ISBN 978-7-5208-1475-1

Ⅰ. ①洛… Ⅱ. ①品… Ⅲ. ①洛克菲勒(Rockefeller，John Davison 1839-1937)-书信集
Ⅳ. ①K837.125.38

中国版本图书馆CIP数据核字(2020)第250026号

责任编辑：石胜利

中国商业出版社出版发行

010-63180647　www.c-cbook.com

(100053　北京广安门内报国寺1号)

新华书店经销

三河市众誉天成印务有限公司

* * * * *

880毫米×1230毫米　32开　6印张　136千字

2020年12月第1版　2021年8月第2次印刷

定价：36.00元

* * * * *

前言

约翰·D. 洛克菲勒（1839—1937），是人类史上第一个亿万富翁，白手起家，靠敏锐的市场分析和过人的胆识，建立了庞大的石油帝国。这位美国石油大王把其财富的一半用于慈善事业，于 1913 年设立了“洛克菲勒基金会”，专门负责捐款工作。他和当时的钢铁大王安德鲁·卡内基开启了美国富豪行善之先河，给后来的比尔·盖茨与沃伦·巴菲特等富豪留下了先例。

洛克菲勒为人低调，沉默寡言，神秘莫测。有人说，他一生都在各种不同角色和层层神话的掩饰下度过。但也有人评价说，跟和他同时代的巨富们相比，洛克菲勒的财富是最不肮脏的。

世界首富比尔·盖茨甚至把洛克菲勒作为自己唯一的学习对象：我心目中的赚钱英雄只有一个，那就是洛克菲勒。

洛克菲勒不仅是成功的商人，还是教子有方的父亲。他知道，能带给孩子一生幸福的不是金钱，而是完整的人格、强大的内心、精神上的富足和良好的生活习性。

历经 100 多年，绵延了 6 代的洛克菲勒家族，依然是这个世界上最富有的家族之一。

洛克菲勒的子孙，之所以能将家族的辉煌与成功延续至今，和他们自小受到的家庭教育是分不开的。

给儿子写信，就是洛克菲勒一种独特的教育方式，他将自己成长的经历、取得成功的经验，结合儿子的现状，向儿子传授做人、做事的理念，教导儿子养成良好的品格、树立正确的价值观。

洛克菲勒写给儿子的信共有 38 封，这些信真实记录了洛克菲勒创造财富神话的种种业绩。从这些信中我们不仅可以看到洛克菲勒优良的品德、卓越的经商才能，还可窥见一代巨富创造财富的谋略，以及教育子女独有的智慧。

2020 年 11 月

目录

contents

第 1 封信

成败不取决于起点

亲爱的约翰：

我明白，你希望永远能和我一起出航。没错，这是一个听起来很美好的想法。不过，请记住，我不可能一直做你的船长。要知道，你总会一天天长大，要靠自己走完未来的人生之路。

可能你还没有准备好一个人前行，但你要知道，我所在的这个商业世界，将是你生活的全新起点，这里充满了各种挑战和神奇。从这里，你将迈出第一步，去赴那些你还没有享用过却又决定你未来的人生盛宴。对于你将如何使用你手中的刀叉，以及怎样品尝命运献给你的每一道珍馐美味，就完全要靠你自己了。

作为父亲，我希望你能够尽早取得属于自己的成就，这份成就要远远超越我。我将你留在我身边的目的，无非是想让你拥有一个相对较高的起点，能够迅速在广阔天地施展才华，不必艰难地摸爬滚打。

这当然没什么值得你庆幸和炫耀的，更无须你感激。美利坚合众国的建国信念是人人生而平等，但这种平等是基于权利与法律意义上的平等，与经济和文化优势无关。你可以这样理解，我们这个世界就如同一座高山，当你的父母生活在山顶上时，你当然会出生在山顶上，注定你不会生活在山脚下；当你的父母生活在山脚下时，注定你不会生活在山顶上。其实很大意义上，父母的位置决定了孩子的人生起点。

不过你要清醒地意识到，人生的起点不同，并不意味着最终的结果也不同。在这个世界上，永远没有穷、富世袭之说，也永远没有成、败世袭之说，有的只是奋斗才能成功的真理。我坚信这样一条真理：每个人的命运都是由自己的行动决定的，而非出身。

正如你所了解的那样，我小的时候是个家境贫寒的穷小子，上中学的书本都是向好心的邻居借的，我的商业人生开始的起点，也仅仅是一份周薪只有 5 美元的簿记员工作罢了。但是经过不断努力的奋斗和进取，我最终建立了一个令所有人都羡慕的石油王国。这些在别人的眼里似乎是一个传奇，但这些其实正是我努力奋斗的回报，是命运对我的付出的一种欣赏和奖励。

约翰，虽然每个人在人生起点拥有的机会永远都会不平等，但最终的结果却很可能如出一辙。我们可以看看历史上，不管是商界还是政界，白手起家的例子俯拾即是，这些成功者都曾因贫穷而缺乏机遇，却因为奋斗而事业显赫。相反，有很多出身富豪家庭的人却活得非常失败。根据马萨诸塞州的一项统计数字显示，在调查的 17 个富裕人家的子弟中，居然没有一个在去世时还是个有钱人。

很久以前，社会上流传着一个讽刺富家子弟无能败家的故事。

说在费城的一个小酒吧里，一位客人谈起某位百万富翁说："他可是白手起家的百万富翁。""是啊，"旁边一位精明的先生回答说，"他继承了2000万美元，却把这笔钱变成了100万美元。"

多么令人悲伤的故事。但在如今这个社会，富家子弟正处在一种不进则退的困顿之中，他们中很多人注定要被同情和怜悯。

家族的成就与荣耀，并不能决定子孙后代依旧成功。我们承认，在起点时他们占据了很大的优势，但是这并不能保证子孙后代的未来就会更美好。

我曾不止一次地思考这个对富家子弟而言带有悲剧性的问题，我认为，富家子弟开始拥有优势，却很少有机会去学习和发展生存所需要的技巧。相反，那些生活在社会底层的贫穷子弟出于生活所迫而去积极地学习、挖掘、运用那些生存技能，他们珍惜甚至是去抢占每一个发展的机会。我还看到，很多富家子弟因为缺少穷人那种迫切需要拯救自己的野心，从而只能祈祷上帝来赐予他们成就。

正因为如此，在你和你的姐姐们还很小的时候，我就有意识地不让你们知道我是个大富翁，我向你们讲述最多的还是诸如"节俭""个人奋斗"此类的价值观念。因为我深知给人带来伤害最快捷的途径就是钱，它可以使人变得堕落腐化、嚣张跋扈、目空一切，最终失去最美好的快乐。我不能用钱毁灭我亲爱的孩子，愚蠢地把你们塑造成不思进取、只依赖父母成果而活的无能者。

一个真正快乐的人，是能够享受自己成就的人。那些像海绵一样，只知索取不懂给予的人，只会失去快乐。

在这个世界上，不存在不渴望过上快乐、高贵生活的人，不过，多数人都是可望而不可即罢了，真正懂得快乐、高贵生活来源的人真是少之又少呀！在我看来，那些高贵的人，并不由他们高贵的血统和生活方式来决定，而是来自高贵的品格——自立精神。这个世界上，但凡有着自立品格的人，多是受到人们尊敬和有着无限魅力的高贵之人。

约翰，你的一举一动都让我挂念。但与挂念相比，我更对你充满信心！我相信你优秀的品格——比世界上任何财富都更有价值的品格，会带你开创辉煌的未来，并将助你获得成功而又充实的人生。

你需要树立这样一种信念：成败并不决定于起点。起点可能影响成败，但不会决定成败。诸如才能、态度、性格、抱负、手段、经历和机遇之类的因素，在人生和商界里扮演着极为重要的角色。你的人生才刚刚开始，你的人生刚刚开始，但一场人生之战就在你面前。爸爸能深切地感觉到你想成为这场战争的胜者，但你要知道，每个人都有追求胜利的意志，只有决心做好准备的人才会赢得胜利。

约翰，亲爱的儿子，一定要记住：只有你能够找到自己的目标，上帝才会向你伸出援助之手。

爱你的父亲

◇ 起点不决定终点 ◇

在这个世界上，永远没有穷、富世袭之说，也永远没有成、败世袭之说，有的只是奋斗才能成功的真理。

家族的成就与荣耀，并不能决定子孙后代依旧成功。我们承认，在起点时他们占据了很大的优势，但是这并不能保证子孙后代的未来就会更美好。

第 2 封 信

聪明和傻瓜的辩证法

亲爱的约翰：

明天，我要回老家克利夫兰处理家族的一些事情。希望在此期间，你能代我处理一些事务。需要提醒你的是，如果遇到某些棘手或拿不定主意的事情，要多向盖茨先生请教和咨询。

盖茨先生对我非常忠诚，能够坦率地向我提意见，并且做事尽职尽责，精明干练，是我最为得力的助手，我十分信任他，我相信他一定能够为你提供帮助。当然，前提是你要尊重他。

约翰，你作为布朗大学的优秀毕业生，在经济学和社会学方面的知识是很丰富的。但你应该知道，书本上的知识终究只是知识，要靠实践来证实。而且，教科书中的知识几乎都是那些毕其一生的知识巨匠在象牙塔里编撰而成的，它难以帮你解决实际问题。我希望你能够放下你的知识、你的学问，这是你走向坦途的关键所在。

你要明白，学问本身并不是什么了不起的东西，关键是将学问加以活用后创造出了不起的东西，这样学识才能够为你所用。

而要想成为一个活学活用的人，你必须得先成为一个身体力行的人，你需要有行动力。

这种行动力从哪里来呢？在我看来，这些需要从困难当中得来。多年的经验告诉我，走过那些艰难的、布满着艰辛和困难的道路，不仅仅会铸就我们坚强的性格，我们赖以成事的行动力也会应运而生。只有那些在困难中挣扎着向上攀爬的人才知道如何千方百计地去搜寻解决问题的方法和手段，最终解救了自己。我所笃行的成功信念之一就是想尽一切办法去吃苦。

也许你会嘲笑我，觉得自己主动去吃苦是一件愚蠢的事情。其实不然，没有经历过不幸的人，才是最大的不幸。很多事情都是来得快去得也快，那些实现了一夜成名、一夜暴富梦想的人们，有谁不是很快就销声匿迹了？吃苦所得到的，是将你的事业大厦建立在坚实的地面上，而不是流沙里。人要有远见，只有长时间的吃苦，才有长时间的收获。

你可能已经感觉到了，从你来到我身边工作后，我并没有交给你什么重要的任务。并不是我对你的能力不放心，而是希望你更加善于做小事而已。

只有先做好小事，才能做大事。如果一开始你就身居高位，那么你就无法体会一些普通职员的心情，也就不能真正做到知人善任。想要在这个世界上创造成就，你必须借助于人力，即别人的力量，这就要求你必须从做小事开始，才会了解当部属的心情，等你有一天走上更高的职位，你就知道如何让他们贡献出全部的工作热情了。

我亲爱的儿子，在这个世界上只有两种人头脑最聪明：其中一种人是能够运用自己智慧的聪明人，比如那些艺术家、演员和学者。而另一种人就是能够运用别人智慧的聪明人，比如那些领导者、管理者。成为后一种人需要一种抓住人心的特殊能力。但很多管理者却是聪明的傻瓜，他们自以为是地认为要抓住人心，就得依靠自上而下的管理方式。我并不这样认为，在我看来，这样做非但不能获得领导力，反而会适得其反。你必须清楚，对每一个人来说，被人瞧不起都是非常敏感的事情。被看作矮人一截会让人失去做事的动力。这样的领导者只会让他的部属变得更加无能。

一头猪好好被夸奖一番，它就能爬上树。善于调动他人的成功人士懂得尊敬和赞美他人的艺术。这意味着他们要有感情地付出，而付出这些感情的领导者，最终一定会取得胜利，并且获得部属的敬重。

没有知识的人终无大用，但有知识的人很可能成为知识的奴隶。每个人都需要明白，一切的知识都会转化为先入为主的观念，结果是形成一边倒的保守心理，认为“我懂”“我了解”“社会本来就是这样”。有了“懂”这个概念之后，人们也就失去了想要知道的兴趣，也就没有了前进的动力。这样一来，就会认为干什么事情都没有意思，很无聊。这便是“不懂”才有可能成功的道理。

不过，很多有知识的人由于受自尊心、荣誉感的支配，对“不懂”总是难以启齿，好像向别人请教，表示自己不懂，是见不得人的事，甚至把无知当罪恶。这是自作聪明，这种人永远都不会理解那句伟大的格言——每一次说不懂的机会，都会成为我们人生的转折点。

自作聪明的人才是真正的傻瓜，而懂得装傻的人才是真聪明。如果把聪明视为可以捞到好处的标准，那我显然不是一个傻瓜。

我来告诉你一件我装傻的事情，这件事直到现在我仍然记忆犹新。当时，我正在为怎样筹到15000美元而动脑筋，那个时候哪怕是走在大街上，我都在思考这个问题。非常有意思的是，当我满脑子想着从哪里能筹到钱的时候，一位银行家拦住了我的去路，他在马车上低声问我："洛克菲勒先生，你想不想用50000美元？"

我交好运了吗？我简直不敢相信这是真的。不过我并没有流露出哪怕丝毫的急切，我看了看对方，平静地对他说："你能给我24个小时来考虑一下吗？"后来，我和他签订了一份对我最有利的借款合同。

装傻是一门技术，它会给你带来诸多的好处。装傻并不是真傻，它的含义是：低调行事、谦恭为人。换句话来说，就是不要将你的聪明表现出来。越是聪明的人就越有装傻的必要，正如那句古老的格言所说："成熟的稻子总是深垂着稻穗的。"

我亲爱的儿子，人一旦有了爱好，然后做事就会变得轻松。现在，就开始热爱装傻吧，这会让你走向成功！

我也知道，在我离开这里的日子，让你独当一面对你来说绝不是件轻松的事情，不过你没有什么可担心的。我在经商中始终奉行的格言就是"让我等等再说"，所以我做事有一个习惯，那就是在做决定之前，总会冷静地思考判断。但是一旦做出任何决定，就会坚持到底，我相信你一定能够做到。

爱你的父亲

◇ 做傻的聪明人 ◇

学问本身并不是什么了不起的东西，关键是将学问加以活用后创造出了不起的东西，这样学识才能够为你所用。

只有那些在困难中挣扎着向上攀爬的人才知道如何千方百计地去搜寻解决问题的方法和手段，并最终解救自己。

只有先做好小事，才能做大事。如果一开始你就身居高位，那么你就无法体会一些普通职员的心情，也就不能真正做到知人善任。

第3封信

千万不要廉价出卖自己

亲爱的约翰：

今天，我从芝加哥大学的学生身上深刻地体会到了在诚挚、热烈的爱戴中陶醉的感觉，这种感觉太美妙了。说起来，这应该算是我建立这所大学的回报之一吧。

当初投资创办这所大学的时候，我的初衷只是想为这个国家的青年能够继承祖辈最优秀的文化做一点事情，能够给像你一样的年轻人创造一个美好的未来，从来没有想到会受到今天这样圣人般的待遇。现在看来，投资这所大学是我这一生中最为明智的决定。

芝加哥大学的年轻人都非常可爱，他们对于未来充满美好的憧憬，都有想要成就一番事业的希望。有几个一脸稚气的男生说我是他们的榜样，并且希望我能够给他们一些建议。我无法拒绝他们的请求，所以对这些未来的“洛克菲勒”说：

成功的衡量标准，并不是一个人的身高、体重、学历或者是他的家庭环境，而是他们的思想，思想的高低决定了我们未来的成就，其中最为重要的一点，就是我们一定要对自己充满信心，千万不要自卑，千万不要廉价出卖自己。因为你们远比自己想得还要珍贵，所以你们一定不能看轻自己。

这时掌声突然就响起来了，我一下子就被这掌声彻底感染了，甚至“得意忘形”地继续说道：

几千年来，许多哲学家都曾忠告我们——要认识自己。但是，大部分人仅把它理解为要认识到自己消极的一面。于是，大部分人的自我评价总是被太多的缺点、过错与无能所占据。能够看到自己的不足固然很好，因为我们可以借此提高自己；但是，如果我们只看到自己消极的一面，就会自我混乱，让自己变得毫无价值。

对于那些渴望获得尊重的人来说，现实却是很残酷的，因为他觉得别人的看法和自己对自己的看法相同，从而我们会受到那种我们自以为是的待遇。

如果一个人自己都觉得自己不行，那么他的行动就会真的变得不行。并且这种感觉是不能隐瞒的，那些自认为自己不重要的人，最后一定会真的成为不重要的人。

在另一方面，那些坚信自己具有“承担重大责任的能力”的人，就真的会变成一个“担当大任”人物。所以，如果你们想成为重要人物，就必须首先让自己相信“我确实很重要”，而且一定要真正的这么认为，只有这样别人才会有同样的想法，进而认同你。

每个人都没有办法逃脱这样一个推理的原则：你的思想最终会决定你的行动，而你怎么行动最终将决定别人对你的看法。就像是他们自己的成功计划一样，想要获取别人的尊重其实非常简单。为了得到别人的尊重，你一定要先相信自己真的值得尊重，而且你越尊重自己，别人就会越尊重你。

请你们想一想：你们会不会敬重那些在破旧街道游荡的人呢？当然不会。为什么？因为那些人根本不看重自己，他们只会让自卑感腐蚀他们的心灵而自甘堕落。

一个人的自我认知就是形成人格的核心，你们把自己看成怎么样的人，你们就真的会成为怎么样的人。

每一个人，无论他身居何处，无论他一文不名还是家财万贯，无论他是绅士还是土匪，也无论他年轻或年老，都有成为核心人物的强烈欲望。请仔细想一想你们身边的每一个人——你的邻居、你自己、你的老师，你的同学，你的朋友，有谁没有希望自己很有分量的强烈需求？全都有，这种需求是人类最强烈、最迫切的一种目标。

对很多人来说，原本可以实现这个目标的，结果一直无法实现。我认为，完全是因为态度使然。态度是我们每个人思想和精神世界的物质化，它决定着我们如何选择，如何行动。从这个说法上来看，态度是我们最好的朋友，同时也是我们最大的敌人。

无法否认的是，虽然我控制不了风的方向，但是我可以随时调整风帆，也就是选择我们的态度。一旦你选择看重自己，那些我是个没用的人的想法，就会变得不值一提。取而代之的，是心灵的复活，思维和行为方式的积极改变，信心的增强，以“我能！而且我会！”的心态面对一切。

小伙子们，立即停止你们自己欺骗自己的行为吧！一定要当心，那些觉得自己不重要的人，最终都会变成自暴自弃的普通人。

在任何时候都不要贬低自己，一定要发现自己的优点，并且在分析自己优点的时候，不要太谦虚。

你们要时时专注于你们的长处，要鼓励自己成为比想象中还要伟大的人。对自己要有长远的见地，瞻望一下自己的未来发展前途，而不是仅仅将目光锁定在现状上。要随时提醒自己："那些重要人物会不会这样做呢？"这样的提醒会有助于你们逐步走向伟大的成功人生。

小伙子们，在通往成功的道路当中布满了黄金，不过这条道路是一条单行道。现在，我们要保持一种乐观的态度。这种乐观常常被哲学家称为"希望"。让我告诉你们，其实这是对乐观的一种错误理解，真正的乐观应该是一种信念，那就是相信生活当中是充满欢乐的，相信即便现在不尽如人意的事情一直发生，好事也终将到来。

约翰，你可知道，就在我短短十几分钟的即兴演讲过程中，竟然博得了多达 8 次的热烈掌声。不过令人遗憾的是，热情的掌声影响了我原本清晰的思路，我头脑里的一个重要观点竟然被热烈的掌声打断了，我没有说出口的观点就是提高思考能力的重要性。这是帮助他们提高种种行动水准的一个想法，是能使他们大有作为的想法，可惜的是我没有来得及说出口。不过，我还是为自己的口才竟然那样有魅力而感到高兴。

爱你的父亲

◇ 对自己充满信心 ◇

你远比自己想得还要珍贵，所以一定不能看轻自己，千万不要自卑。

一个人的自我认知就是形成人格的核心，你们把自己看成是什么样的人，你们就真的会成为什么样的人。

要时时专注于你们的长处，要鼓励自己成为比想象中还要伟大的人。

第 4 封信

凭借策划运气而发达

亲爱的约翰：

有些人会因为自身独一无二的才能而成为熠熠闪耀的王者或伟人。譬如老麦考密克先生，他有一颗能够带来好运的精明大脑，知道如何像镰刀一样用他的收割机来“收割”钞票。

在我心目中，老麦考密克永远都是一位商业才华横溢又野心勃勃的实业巨子。他用收割机帮助美国的农民，也使自己步入了全美最富有者的行列。法国人很崇拜他，并且称赞他为“对世界最有贡献的人”。对于他来说，这句赞誉还真是一个意外收获。

这个原来只是做普通农具的商人、商界奇才，他说过一句寓意深刻的名言：“运气不过是策划的剩余品。”

这句话听起来比较深奥，究竟是说运气是经过策划的结果，还是说运气是经过策划之后剩余的东西呢？从我的经验来看，这两种意义都是存在的，换句话来说，我们创造属于自己的运气，我们的任何举动都不可能将运气完全消除，运气是和策划相伴而生的福音。

老麦考密克正是因为领悟了运气的真谛，打开了运气的那扇大门，因此，麦考密克的收割机能在全球畅销这一事实，我丝毫不感到奇怪。

然而，在这个世界上，我们一方面很难找到像麦考密克先生那样精于策划运气的人，另一方面那些不相信和不误解运气的人却寥寥无几。

在凡夫俗子看来，运气永远是与生俱来的，只要他们发现某人升职了，或者在经营当中获得了成功，他们就会随意地、甚至是用轻蔑的口气说："他的运气真好，是好运帮了他！"我相信，这样的人永远不能洞悉一个让自己赖以成功的伟大真理：每个人都是自己命运的设计师。

我承认，就像人不能没有金钱那样，人不能没有运气。但是，想要有所作为，就不能等着运气自己找上门来。我的人生信条是：人不能只靠天赐的运气生活，而是要凭借策划运气来取得成就。我相信好的计划能够左右运气，甚至在任何情况下，都能够成功地影响运气。我在石油界实施的变竞争为合作的策划恰恰验证了这点。

在这个计划还没有实施之前，自私的炼油商们各自为战，只看到了眼前的利益，最终引发了毁灭性的竞争。这种竞争对于消费者来说，当然是好事，但是油价的不断下跌，对于炼油商来说却是致命的打击。那时候绝大多数炼油商做的都是亏本生意，正一个一个地滑入破产的泥潭。

我清醒地认识到，要想重新有利可图并将钱永远地赚下去，就必须驾驭这个行业，让炼油商们都理性行事。我把它视为一种责任，然而这很难做到，这需要一个计划——一个将所有炼油业务置于我旗下的计划。

约翰，你要明白，自己首先要勤于思考，谨慎从事，这样才能够成为一名好猎手，你需要清楚看到事物中一切可能存在的危险和机遇，同时还要像一个棋手那样，研究到那些所有可能危及你统治地位的战略。在这一方面，我自认为自己做得有条不紊。在实施那个计划之前，我很详尽地研究了行业的发展形势，也很仔细地衡量过自身的力量，最终决定将我的大本营克利夫兰，作为发动统治石油工业战争的第一战场，等到征服了那里的 20 多家产业后，就迅速开辟第二战场，进行第二步计划，接着就是征服所有竞争对手，建立自己的石油王国并开启一套新的产业秩序。

就像指挥官在战场上那样，想要击中什么样的目标，就要先选择最有效的武器。我很明确地知道，实现这一目标的有力武器就是金钱，我需要用大量的金钱去并购那些制造生产过剩的炼油厂。不过当时我拥有的资金并不足以支撑我的计划，我采取的对策是组建股份公司，将大批的投资者吸引进来。很快我们就以近百万的资产，在俄亥俄州成立了标准石油公司，到第二年的时候，我们的资本扩张了三倍半。当前目标是解决了，但是至于何时实施后期目标就是一门深奥的学问了。

真正有远见的商人，具有从灾难中寻找机会的能力，我就是这样做的。在我还没有开始实施我的并购计划的时候，整个石油业混乱不堪，炼油商们的心是一天比一天下沉，他们失望甚至是绝望了。如果他们不将手中的厂子卖掉，就只能眼睁睁地看着自己走向灭亡。这给了我一个绝佳的成功契机，我也知道这是并购它们实现我宏伟蓝图的最好时机。

选择这个时候进行并购，在有些看来似乎是件不道德的事情，但这与道德毫无关系。商场就像战场，所谓战略目标的意义，就是要采取对自己最有利的方法。出于战略上考虑，我选择的第一个目标是最强劲的对手克拉克－佩恩公司，而不是那些很容易拿下的不堪一击的小公司。

我主动约见了当时克拉克－佩恩公司最大的股东，我中学时代的老朋友，奥利弗·佩恩先生。我告诉他，无数的家庭都靠石油业活着，是时候结束这个行业既混乱又低迷的状况了，我要建立一个庞大而高效的石油公司，非常欢迎他加入。我的庞大计划打动了佩恩，最后他们决定以40万美元的价格将公司转卖给我。

其实，40万美元对于当时的克拉克－佩恩公司来说有些太多了，但是我并没有拒绝他们，只要吃掉了克拉克－佩恩公司就意味着我已经巩固了自己世界最大炼油商的地位，这为我迅速兼并克利夫兰的其他炼油商打下坚实的基础。

接下来不到两个月的时间里，剩下的22家竞争对手依次归于标准石油公司的麾下，并最终让我成了那场收购战的大赢家。这增强了我扫除其他对手的信心和实力，在此后的3年时间里，我连续吞并了费城、匹兹堡、巴尔的摩的炼油商，从而一跃成了全美炼油业的唯一主人。

现在想想，我真幸运，如果当时只顾感慨时运不济，我或许早已被命运淘汰。但我为自己寻找到了契机。

世界上什么事情都有可能发生，唯有不劳而获是不会发生的事情，那些墨守成规的人，那些随波逐流的人，他们的大脑被错误的思想所盘踞，因为自己能够全身而退而沾沾自喜。

约翰，想要好运连连，我们必须精心创造运气，而策划运气，需要好的计划，好的计划一定是好的设计，好的设计一定能够发挥作用。你必须知道，在构思好的设计时，首先要考虑两个基本先决条件：第一是知道自己的目标，譬如你要做什么，甚至你要成为什么样的人；第二是知道自己拥有什么资源，如地位、金钱、人际关系，甚至能力。

这两个基本条件的顺序并非绝对不能改变，你可能先有一个构想、一个目标，才开始寻找适于这些资源的目标。还可以把它们混合一处，形成第三种和第四种方法，例如拥有某种目标和某种资源，为实现目标，你必须选择性地创造一些资源，也可能拥有一些资源和某个目标，你必须根据这些资源，提高或降低目标。

你根据资源调整目标或根据目标调整资源之后，就有了一个基础——可以据以构思设计的结构，剩下的东西就是用手段与时间去填充，和等待运气的来临。

亲爱的约翰，你一定要记住，策划运气就是在策划你的人生。所以，在你策划运气的时候，也一定要学会引导运气的到来。

孩子，我只能祝你好运了，有些东西是只可意会不可言传的呀！你就去用你的感知去尝试吧！

爱你的父亲

◇ 策划运气，成就未来 ◇

洛克菲勒想要表达的是：运气不是与生俱来的，每个人都是自己命运的设计师。

就像人不能没有金钱那样，人不能没有运气。但是，想要有所作为，就不能等着运气自己找上门来。

想要好运连连，我们必须精心创造运气，而策划运气，需要好的计划，好的计划一定是好的设计，好的设计一定能够发挥作用。

第 5 封信

天堂或地狱，都取决于你自己

亲爱的约翰：

我曾经读过一则很有深意的寓言，让我感触良多，这个寓言说：

在古老的欧洲，有一个人平静地死去，然后他发现自己来到了一个美妙而又能够享受到所能想到的一切的地方。当他刚来到这里时，有一个侍者样子的人走过来问他："先生，请问您有什么需要吗？在这里您可以享受一切：各种美味佳肴，超乎你想象的各种娱乐和消遣活动，还有不少妙龄美女，这些您都可以尽情享用。"

听完侍者的话后，这个人觉得很惊奇，同时也很兴奋，他想："这不正是我在人间时的梦想吗？"在一天的时间里，他尝遍了所有的美味佳肴，同时尽享美色。但不久之后，这些美好的东西就再也提不起他的兴趣了，于是他对侍者说："这一切让我感到厌烦了，我想要找些事情做，你能够给我一份工作吗？"

让他没想到的是，侍者居然说："对不起先生，这是我们这里唯一不能为您提供的。这里没有工作可以给您。”

这个人一下子沮丧到了极点，愤怒地挥舞着双手大喊：“这真是太糟了，还不如让我去地狱！”

“先生，您认为这里是什么地方呢？”那位侍者微笑着说。

约翰，这个寓言非常幽默，它想要告诉我们的是：失去工作就等于失去了快乐。但令人遗憾的是，很多人都是在失去工作之后，才领悟到这一点，这真是不幸的事情。

我可以自豪地说：我从来没有品尝过失业的滋味，这并不归功于我的运气，而是我从来都不认为工作是一件乏味的事，相反，我能够从工作当中找到无限的快乐。

在我看来，工作是一件非常有意义的事情，工作能够带来的不仅仅是维持生活，工作是所有生意的基础，所有繁荣的源泉，同时也是那些天才们的塑造者。工作能够让年轻人更加勤奋，比他们的父辈们做得更多，不管他们是多么的有钱。

工作往往以最不显眼的储蓄表示出来，并且奠定幸福的基础。工作像盐一样为我们的生命调味。但是，人们必须先热爱工作，它才能带给我们最大的恩惠，让我们获得更硕大的果实。

在我刚进入商界的时候，经常听人说，一个人想要登上高峰，需要做出很多的牺牲。但随着时间的推移，我开始明白，那些正在登向高峰的人，并不是在“付出代价”。他们努力地进行工作是因为他们热爱自己的工作，任何在行业当中往上爬的人都是那些全部身心投入工作的人，只要热爱自己的工作，一定会取得成功。

热爱工作是一种信念，只要我们怀着这个信念，就可以将绝望的大山凿成一块希望的磐石。一位伟大的画家说得非常好："痛苦终将过去，美丽将会永存。"怀着这样的信念，我们就能把绝望大山凿成希望磐石。

但有些人显然不够聪明，他们心怀野心，却对工作十分挑剔，一直在致力于寻找那些"完美的"雇主或工作。而事实上，那些雇主所需要的，是那些按时工作、忠诚而勤奋的雇员，他只将加薪与升迁机会留给那些分外努力、分外忠诚、分外热心、花更多的时间做事的雇员，因为他在经营生意，而不是在做慈善事业，他需要的是那些更有价值的人。

一个人的野心不管有多么大，他至少得先起步才能到达高峰。往往起步是最难的，只要第一步迈出去，继续前进就容易多了。工作越是困难，就越要努力地去做好，如果等待的时间越久，就变得越困难、越可怕，这有点像射击，你观望的时间越长，打中的机会就越渺茫。

我的第一份工作令我记忆犹新，那是一份簿记员的经历，当时我虽然每天天刚亮就得去上班，办公室点着昏暗的鲸油灯。不过那份工作从来没有令我感到枯燥乏味，反而令我格外地着迷和喜悦，连办公室里的一切琐碎小事都无法让我对它失去热情。结果就是雇主不断地为我加薪。

你应该知道的是，收入只是你工作当中的副产品，做好你应该做的事情，只要能够完美地完成自己的工作，理想的薪水自然会随之而来。更为重要的是，我们通过劳动所获得的报酬，并不是我们所获取的利益，而是我们最终因此成为什么样的人。那些头脑十分活跃的人拼命地工作，不仅仅是为了赚钱，能够让他们热情地工作下去的东西，是那些比赚钱欲望更加高尚的理想——他们所从事的是一项迷人的事业。

老实说，我从小就是一个野心家，一直想成为一个富翁。在我看来，我所工作的休伊特－塔特尔公司是一个锻炼我的能力、让我一试身手的好地方。它代理各种商品销售，拥有一座铁矿，还经营着两项给美国经济带来革命性变化的铁路与电报技术。

这份看似不起眼的工作，将我带进了妙趣横生、波澜壮阔的商业世界，让我学会了尊重数字与事实，让我看到了运输业的威力，更加培养了我作为商人所应具备的素养与能力，所有这些技能都在日后我经商的日子当中发挥了极大的作用。可以说，如果没有在休伊特－塔特尔公司的历练，我或许会在事业上走很多弯路。

现在，每当我想起休伊特和塔特尔两位先生时，内心就不禁涌起感恩之情，那段工作经历是我一生奋斗的开端，并且为我以后的崛起打下了坚实的基础，我永远对那三年半的经历感激不尽。

因此，我从不像有些人那样抱怨他的老板，说："我们只不过是奴隶，我们被老板压在尘土中，他们却高高在上，在富丽堂皇的别墅里享乐；他们的保险柜里装满了黄金，而他们所拥有的每一块钱，都是通过压榨我们这些诚实的工人所得来的。"

我很怀疑这些抱怨的人是否能想清楚：到底是谁给了你就业的机会？又是谁帮你有了建设家庭的可能？是谁让你可以发展自己？如果你觉得别人是在压榨你，那么你为什么不结束这种压榨一走了之呢？

工作是一种态度，它决定了我们快乐与否。同样都是石匠，一样在雕塑石像，如果你问他们："你在干什么？"他们中的一个人可能会说："你看到了吗？我正在凿石头，凿完这块我就可以下班了。"这种人永远视工作为惩罚，从他嘴里最常吐出的一个字便是"累"。

而第二个人可能说："你不是看到了吗？我正在做雕像，这是一份非常辛苦的工作，但是薪酬很高，毕竟我有太太和四个孩子需要我去养活。"这类人永远视工作为负担，从他嘴里经常吐出的一句话便是"养家糊口"。

第三个人可能会说："你看到了吗？我正在完成一件艺术品。"这种人是以工作为乐趣的，在他嘴里最常说的话就是："我的工作非常有意义。"

选择天堂还是地狱都是由自己决定的，如果你将工作赋予意义，不管你做什么工作，你都会感到由衷的快乐。如果你不喜欢，甚至厌恶自己的工作，那么任何简单的事情都会变得困难、无趣。当你口口声声喊着工作很累的时候，即便你不卖力气，也会常常感到筋疲力尽，反之则大不相同，事情就是这样。

约翰，如果你视工作为乐趣，人生便是天堂；如果你视工作为义务，人生就是地狱。检视一下你的工作态度，那会让我们都感觉无比愉悦。

爱你的父亲

◇ 失去工作就失去了快乐 ◇

选择天堂还是地狱都是由自己决定的，如果你将工作赋予了意义，不管你做什么工作，你都会感到由衷地快乐。如果你不喜欢甚至厌恶自己的工作，那么任何简单的事情都会变得困难、无趣。

第 6 封 信

别让拖延毁了你

亲爱的约翰：

那些智者的睿智言语总是能够在我的头脑里留下深刻的印象。我还记得有位智者说过这样一句话："教育的意义涵盖着诸多方面，不过它本身却不会告诉你任何东西。"这句话向我们展示了一条真理：如果你自己不采取行动的话，世界上任何可行的哲学也是没有用处的。

我总是坚信，机遇是靠机会得来的。无论多么完美的构想，总是会有缺憾。哪怕是再普通不过的计划，假如得到执行并且逐步发展，都会比半途而废的好计划要好很多。因为，前者总是在进步中，并且坚持执行；后者却半途而废。

因此在我看来，成功没有秘诀。想要在你的人生当中获取非凡的成就，有过人的智慧以及特殊的才艺当然最好，可是如果没有的话也没什么，只要你肯积极地行动，那么你就会离成功越来越近。

令人感到遗憾的是，大多数人都没有领悟这个道理，结果使得自己最终沦为庸俗之辈。从那些碌碌无为的人身上，你可以发现，他们的生活是被动的，他们说的往往比做的要多，甚至是只说不做。在找借口方面，他们几乎个个行家，一旦遇到困难或问题，他们就会用各种借口来拖延，直到最后他们证明这件事本不应该去做，或者没有能力去做，或者来不及去做。

值得庆幸的是，我不是这类人。在盖茨先生心目中，我是个积极主动、自动自发的行动者。我很高兴自己能得到这个评价，因为我并没有辜负这种评价，积极行动是我最显著的特点，我从来不喜欢夸夸其谈，让自己的想法胎死腹中。因为我知道，没有行动的话就不会有结果。世界上所有的东西都是由一个想法慢慢付诸行动所得来的。人只要活着，就必须要行动。

人们都知道，没有智慧基础的知识并没有什么作用，但更令人懊恼的是，就算有知识和智慧，假如不行动，一切也只是纸上谈兵。行动和充分的准备可以看成一个物体的两面，任何一面都需要去进行，做太多的准备却迟迟不肯行动，到最后势必只会浪费时间。换句话来说，准备一定要有节制，我们不能落入不断演练、计划的恶性循环，必须要勇敢地面对现实。事实上，不管我们计划得多么周密，最后的结果和解决方案仍然是我们不可预测的。

当然，我不否认计划方案的重要性，一个周密细致的计划是获得理想结果的首要保障，但是计划并不等于行动，也不能代替行动。这就像是打高尔夫球一样，倘若我们没有打过第一洞，又如何去打第二洞呢？行动决定一切。如果没有行动的话，最后什么都不会发生。世界上没有一劳永逸的事情，也不能够买到万无一失的保险，唯有用自己的行动才可以将我们的想法变成现实。

没有行动的人，都有一个共同点：总是安于现状，拒绝改变。在我看来，这其实是一种自我欺骗和自我毁灭的坏习惯，因为一切都在变化之中，正如人会生死一样，没有不变的事物。但是如果你因为内心当中对未知事物的恐惧，而抗拒去改变的话，那么相信不管现状多么令人不满，他都不敢踏出前进的第一步。看看那些本应该事业有成，最后却一事无成的人吧，你就知道想要不去同情他们是件很难的事情。

当然，在每个人决定做一件大事的时候，心里都或多或少会出现各种各样的情绪：担心、恐惧，都会面对到底要不要去做的困扰。勇于行动的人会燃起自己内心的火花，想出各种各样的办法来完成他们的心愿，更有勇气去克服种种困难。

那些缺乏行动的人总是太过于天真，喜欢等待事情自然地发生，他们天真地认为，会有人来帮助他们。可事实上，除了他们自己，没有人对他们的事情感兴趣，人们只会对自己的事情感兴趣。例如，一桩生意获利比重越高，就越要主动采取行动，因为成败与别人毫无关系，他们是不会在乎的。这时候，我们最好把积极地推进，如果我们怠惰退缩，坐等别人采取主动来推动事情的话，结果必定会令人大失所望。

记住，唯有依靠自己，才不会让自己失望，如果能增加自己控制命运的机会的话，那更是再好不过了，聪明的人会努力地促使事情向成功的一方面发展。

人生中没有什么比想得太多、做得太少更让人遗憾的了，想得太多不但让我们没有足够的时间去做，反而因为感觉每件事都复杂无比，担心做不到而退缩不前，最终一事无成。我们应该认识到，时间是有限的，没有人能做完所有的事情。智者都知道，并不是所有行动都能产生好的结果，只有积极的行动才能够带来有意义的结果，所以智者只会做能够产生好效果的工作，做与自己最大目标相关的工作，而且专心致志，所以智者总是能做出最有价值的贡献，并且获得最多的收益。

要想吃掉大象，就必须一口一口地吃，做事也是一样，想一下子做完所有的事，只会让机会从手边跑掉。所以我的座右铭是：洛克菲勒对于紧急事件采取不公平的待遇。

很多人都把自己变成一个被动者，总是希望万事俱备之后才开始行动。人生随时都有机会，但是几乎没有哪个机会是十全十美的。被动者平庸了一辈子，就是因为他们想要等到每一件事情都百分之百有利的时候才行动，万无一失以后才去做。这是非常不明智的做法。我们必须有所“妥协”，相信手上的机会就是目前需要的，只有这样才不会让自己陷入被动等待的陷阱之中。

我们都在追求完美，但世界上没有一件绝对完美的事，只是接近完美。等到所有条件都完美了才去做，和永远等下去没什么两样，而且还会把机会拱手让人。那些要等到所有事情都准备妥当才出发的人，将永远也不可能成功。如果想要变成那种“我现在就去做的人”，就要停止你现在一切的白日梦，从现在就开始做，例如“明天、后天、下礼拜、将来”这些话，跟“永远都做不到”意思相同。

每个人都曾有缺乏自信的时候，尤其是在困境中，更容易怀疑自己的能力。然而，真正懂得行动艺术的人，会用顽强的意志战胜自卑，会告诉自己都会遇到挫折。即使真的一败涂地，也会安慰自己，就算是在行动之前做了再多的准备和计划，等到真正行动的时候，还是会避免不了这样或那样的失误。

我将很多人都相信的所谓心想事成视为谎言，一毛钱就能买到一打好主意，最初的想法只是后面一系列行动的起点，接下来还需要第二阶段的准备、计划以及第三阶段的行动。这个世界上从来都不缺少有好想法的人，但是能成功地将想法付诸行动的人却凤毛麟角。

人们用以判断你能力的真正标准不是你脑子里有多少好想法，而是你的行动。人们都信任脚踏实地的人，他们会这么认为：这个人敢说敢做，一定知道怎么做最好。我至今没有听到过有人因为没有采取行动，或者是要等别人下令才做事而受到人们赞扬的。那些在工商界、政府、军队中的领袖，都是那些踏实肯干的人，能够采取主动的人，而那些站在一旁袖手旁观的人，是永远也成不了领导的。

不论是自动自发者还是被动的人，都是习惯使然。习惯有如绳索，我们每天纺织一根绳索，最后它粗大得无法折断。习惯的绳索不是带领我们到高峰就是引领我们到低谷，这主要得看是好习惯或坏习惯了。坏习惯能摆布我们、左右成败，它很容易养成，但却很难伺候。好习惯很难养成，但很容易维持下去。

我们要培养当机立断、当下行动的习惯，最重要的是要培养一种积极主动行事的精神，以戒除掉我们身上的那些精神涣散的习惯，要有做个积极主动的人的决心，对任何事都要充满勇气，千万不要为等待万无一失的时机而失去眼前良好的机遇，你要记着这个世界上没有绝对完美事情的真理。培育出积极行动的良好习惯花蕾，并不需要多么宏博的才能，只要你用辛勤的汗水去用心灌溉积极行动的萌芽，坚信，总有一天，积极行动的良好习惯的种子一定会在生活中生根、发芽、开花的。

亲爱的约翰，你要记着，人生其实就是在打一场庞大的战役，想要获得胜利，你需要行动起来，只有这样，你的安全才能得到保障。

圣诞节快乐！这是我送给你最好的一份圣诞礼物，我相信这绝对是你收到的最富有含义的一份礼物。

爱你的父亲

◇ 立刻行动，绝不拖延 ◇

这句话向我们展示了一条真理：如果你自己不采取行动的话，世界上任何可行的哲学都是没有用处的。

成功没有秘诀。只要你肯积极地行动，那么你就会离成功越来越近。

我们要培养一种积极主动行事的精神，以戒除掉我们身上那些精神涣散、行事拖沓的习惯。

第 7 封 信

接受挑战才能成就未来

亲爱的约翰：

昨天晚上我听到一个坏消息——本森先生去世了，我特别难过。

本森先生曾经是我商业上的劲敌，也是我为数不多最为尊重的对手之一，他拥有卓越的才华、顽强的意志，同时他优雅的风度也给我留下了深刻的印象。

直到现在，我还清楚地记得，我们缔结盟约之后，他开玩笑地对我说："洛克菲勒先生，假如我败给那些精明的、利欲熏心的对手，我会非常痛苦。但是，您恰恰是一个完美的，同时又非常强势的掠夺者，假如败给您这样遵守规则的人，无论输赢，都会让人身心愉悦。"

我不知道本森先生是否真的在恭维我，我告诉他说："本森先生，如果你能把'掠夺者'换成'征服者'，我想我是很乐意接受的。"他听完之后大笑了起来。

我很敬佩那些大敌当前依然英勇奋战的勇士，本森先生就是这样的人。本森在与我为敌前，我刚刚击败了全美最大的铁路公司——宾州铁路公司，并成功制服了巴尔的摩·俄亥俄铁路公司——全美第四家也是最后一家大型铁路公司。就这样，连同我最忠实的盟友——伊利铁路公司和纽约中央铁路公司，全美四大铁路公司都掌握在我手里。

同样是在这个时候，标准石油公司的输油管道一点点地向油田蔓延，最终让我获得了连接油井与铁路干线的所有输油线路的掌控权。

毫不夸张地说，在当时，石油行业涉及的各个环节和过程，包括采油、炼油、输油等，我都拥有绝对的话语权，对整个市场也有绝对的掌控权。但是即便这样，依然有人无视我的权威。例如本森先生。

那个时候，本森先生正雄心勃勃，想要铺设一条从布拉德福德油田到威廉斯波特的输油管道，以此去拯救那急于脱离我掌控的石油生产商们。当然，支配他闯入我领地的最大动力，还是想要从中大赚一笔的念头。

这条连接宾州东北部与西部的输油管线，从铺设之初就以惊人的速度在向前推进。这引起我极大的关注。约翰，任何竞争都不是轻松的游戏，而是充满活力，需要密切注意，不断作出决定的游戏，否则，稍不留神你就输了。

坦率来说，本森先生给我制造了相当多的麻烦，必须要让他停止行动了。刚开始和本森较量时，我采用的手段并不是特别高明。当时，我用很高的价钱买了一块沿宾州州界由北向南的狭长土地，企图以此来阻止本森前进的步伐。本森的应对方法很高明，只用了绕行的办法就轻易化解了我的招数，让我成了无所作为的地主，最终只让那块土地的农民一夜暴富。

后来，我不得不动用了盟友的力量，要求铁路公司不允许任何输油线路跨过铁路。本森依旧采取绕行的方法，再次成功地突围。最后，我想要依靠政府的力量来阻击本森，但没有成功，只能眼睁睁地看着本森成为英雄。

到了这个时候，我终于明白，自己遇到了从业以来最大的对手，但是这并不能动摇我与之竞争的决心。那条长达 110 英里的管道严重威胁着我的石油王国，如果任由原油在那里面流淌的话，流到纽约，那么本森或许将取代我，成为炼油业的新主人，同时，我也会失去对布拉德福德油田的控制，我绝不会允许这样的事情发生。

当然，我并不想赶尽杀绝，我的真正目标是低价得到我想要的东西——不能让本森他们乱来，破坏我费尽心思而建立起来的市场秩序，摧毁我对石油业的控制权，这可是我的命。所以，当那条巨蟒即将开始涌动时，我向本森提议购买他们的股票。但很不幸，他们拒绝了。

我们被本森的行为激怒了，作为公司运输业务的负责人，奥戴先生甚至想用武力摧毁它，以此来惩戒这些不知好歹的家伙。我不喜欢这种邪恶的做法，只有无能的人，才会用这样令人不齿的手段。我警告奥戴，立即放弃这个愚蠢的想法！我从来没有想过自己会输，但是即便最后输了，我也要用光明磊落的方法。

如果有人暗中搞鬼而没有被人抓到，他一定会获得竞争优势。但是，邪恶下三烂的行为很危险，它会让他丧失尊严，甚至可能坐牢。而任何欺骗和不道德的行为都无法持久，都不能成为可靠的企业策略，这只会破坏大局，使未来变得越发困难，甚至不可能再有机会。我们一定要遵纪守法，因为规矩可以创造关系，为企业带来长久的业务；否则，我们将提前结束我们的好运。

就我自己的个性来说，我不喜欢竞争，我只摧毁竞争的人，我不需要邪恶的胜利，我需要赢得光明正大。就在本森扬扬得意地享受他成功的快乐时，我发动了一系列令他难以招架的攻势。我派人给储油罐生产商送去大批订单，要求他们保证生产、按时交货，令他们无暇顾及其他客户，包括本森。没有储油罐，采油商只能将开采的原油倾泻到荒野上，那么本森先生接受的就不是待运的石油，而是大声的抱怨了。与此同时，我大幅降低管道运输价格，将大批靠本森运送原油的炼油商吸引过来，变为我们的客户，而在此前我已迅速收购了在纽约的几家炼油厂以阻止它们成为本森一伙的客户。

战场上卓越的指挥官，从来不会下令攻打和他无关的堡垒，而是要全力去摧毁那个能够攻陷全城的堡垒。我们每一轮的打击都能够让本森先生没有原油可运。战斗结束了，我成为最终的胜利者，本森先生就举起了白旗，主动提出要与我讲和。我非常清楚，这并不是他的本意，但是他们清醒地意识到，如果再这样和我抗争下去的话，等待他们的就唯有失败。

亲爱的约翰，儿子，战争既已不可避免，那就让它来吧！每一场至关重要的竞争都是一场决定命运的大战，“后退就是投降！后退就将沦为奴隶！”而在这个世界上，竞争一刻都不会停止，我们也便没有休息的时候。我们所能做的，就是带上钢铁般的决心，走向接踵而至的各种挑战和竞争，而且要情绪高昂并乐在其中，否则，就不会得到你想要的结果。

时刻保持警惕是在竞争中取胜的关键，当意识到你的对手不断地想要削弱你的时候，就标志着战斗的开始。这时，你应该清醒地意识到自己拥有哪些资源，也需要知道所谓的友善和温情最后可能会害了你，下一步就是灵活地运用你的所有资源，去赢得这场战斗。

同时，想要赢得战斗的胜利，勇气和实力必不可少。人不能仅仅依靠拐杖，而是要靠自己强健有力的双脚来立足于社会。假如你的双脚还不够强健，那么你就要不断地训练、强化它们，而不是自暴自弃，或者干脆认输。

我想，这个观点一定会得到已在天堂的本森先生的认可。

爱你的父亲

第 8 封 信

永远不要失去信心

亲爱的约翰：

我为你最近情绪的低落而感到难过。我知道，你还在为那笔赔了 100 万元的投资耿耿于怀，整日忧心忡忡。其实，你大可不必如此，一次失败并不能说明什么，更不会让你成为无能者的代称。

高兴起来，儿子。你要知道，这世界上每个人都没有顺遂的人生；相反，却要时刻与失败比邻。也许正因为这个世界上有太多无奈的失败，追求卓越才变得魅力十足，使人竞相追逐，甚至不惜以生命为代价。即便如此，失败还是不请自来。我们的命运也是一样的。只是我们不能和平庸之人为伍，而要把失败看作一杯烈酒，吞咽的是苦涩，吐出来的是精神。

在我决心在商界开辟一片天地的时候，每天都在祈祷上苍保佑我们新开办的公司，但是一场灾难性的风暴袭击了我们。当时我们签订了一笔合同，要购进一大批豆子，准备大赚一把，但没有想到一场突然“来访”的霜冻击碎了我们的美梦，到手的豆子毁了一半，而且道德败坏的供货商还在豆子里面掺加了沙土和细小的豆叶、豆秸。这注定是一笔要赔本的生意。但我知道，我不能沮丧，更不能沉浸在失败之中，否则，就会离我的目标和梦想越来越远。但我很清楚地意识到，我不能沉浸在悲痛和失败中无法自拔，这样我就永远不可能实现我的梦想了。

天下没有免费的午餐。如果只想着维持现状，那就是倒退，只有做出决定和冒险，才能够不断前进。在承受了那笔生意失败的损失后，我不得不再次向我父亲借钱。我为了让生意有起色，就告诉我的合伙人克拉克先生，说我们必须利用报纸广告等媒介不断宣传自己，让那些潜在客户通过这些渠道知道我们可以供应大量的农产品，并且可以提供预付款。

结果，胆识和勤奋使得我们的生意非但没有被“豆子事件”所影响，反而帮我们赚到了一大笔钱。

任何人都厌恶失败，但是，如果因为害怕失败就不去做事，那么长久下去就会懒惰无为，对于人生来说，这是最大的灾难。因为这说明你很有可能丢失原本的机遇。

我的孩子，机会可遇不可求，人们凭借机会变得富有和成功，你看看那些穷人，他们并非没有才干，也并非不勤奋努力，往往是没有得到机会的垂青。你需要知道，生意场就是一片弱肉强食的丛林，在这里你不去吃人就会被别人吃掉，逃避风险的结果往往就是在宣布自己即将破产；而你利用了机会，就是在剥夺别人的机会，保证着自己。

因为畏惧失败而停滞不前，哪怕摆在你眼前的机会也会溜掉。所以，亲爱的儿子，为了抓住稍纵即逝的机遇，让你在竞争中能脱颖而出，我们付出的失败和挫折都是值得的！

失败是通往成功的基石。我今天之所以有这样的成功，是因为不断地跌倒再爬起，爬起再跌倒，是在失败中崛起的。我善于从失败中总结经验教训，用有创意的方式来开创新的领域，因此，我是一个聪明的“失败者”。

所以在我看来，失败只要不是件经常的事，就算不上是坏事。

我有一个坚定的信念，就是要始终保持活力、永远坚强、坚毅。不论遭遇怎样的失败与挫折，我就是在这个信念的支撑下而坚不可摧。我了解自己，知道做什么才会让自己感到快乐，什么东西值得自己为之效命。这就是我的最根本的愿望。

亲爱的约翰，你自己根本的期望在哪里？只要你不丢掉它，成功必将到来。因为最根本的愿望就像清洁工手中的扫把，将扫尽你成功之路上的所有垃圾。

乐观的人善于在苦难中寻找机遇，悲观的人却在机会中寻找苦难。

亲爱的约翰，下面这个成功公式你一定要深深记得：

梦想＋失败＋挑战＝成功。

当然，失败有它的杀伤力，它可以让人萎靡、颓废，丧失斗志和意志力。重要的是你将失败看作什么。天才发明家托马斯·爱迪生先生，在用电灯照亮摩根先生的办公室前，共做了一万多次实验，在他那里，失败是成功的试验田。

10年前，《纽约太阳报》一位年轻、少不更事的记者采访他时间道：“爱迪生先生，您现在的发明曾经经历了一万次的失败，您对这些有什么看法？”爱迪生很讨厌提到“失败”一词，于是，他便以长者的口吻对那名记者说道：“年轻人，你的人生才刚刚开始，所以我要告诉你一个很重要的思想，我并没有失败过一万次，而是发现了一万次行不通的方法。”足见精神的力量之巨大。

亲爱的儿子，一旦你的精神被击垮，你就将失去所有。你要知道，人的事业就好像是浪潮，总有高低起伏。假如你踏上浪尖，那么一帆风顺；假如你错失这个机会，就会在浅滩上和无尽的悲哀中困惑终生。

没有挑战就没有成功，不要因为一次失败就停下脚步，战胜自己，你就是最大的胜者！

我对你非常有信心。

爱你的父亲

◇ 永远信心百倍 ◇

没有挑战就没有成功，不要因为一次失败就停下脚步，战胜自己，你就是最大的胜者！

第 9 封 信

人生是一个不断抵押的过程

亲爱的约翰：

我非常理解为什么你将借我的钱投入股市会觉得不安，因为你太想赢了，但会害怕在这个不确定的世界里失败，而输掉的又不是你自己的钱，而是向我借来的，同时还得支付利息。

我非常熟悉你这种输不起的感觉，从我刚开始创业到我小有成就的时候，这种感觉都一直在控制着我，导致每次借钱的时候，我都会在谨慎和冒险之间不停地徘徊，苦苦地挣扎，甚至夜不能眠，不由自主地反复计算如何还债。

经常听到有人说，喜欢冒险的人经常失败。当我这种恐惧失败的感觉过去之后，我总是重新振作精神，再去借钱。实际上，为了前进，我找不到其他出路，只得去银行贷款。

亲爱的约翰，经常有一些能够化解棘手问题的大好机会出现在我们眼前 ，即使是借钱我们也要抓住它们。借钱并不是一件可怕的事情，它并不会让你破产，只要你不将它看成自己的救生圈，只在危机的时候使用，而是将其当作一种工具，你就能够利用它来创造机会。否则的话，你就会被不安、恐惧和失败所包围，被这种恐惧感束缚住你的双臂，使你无法施展自己的才华，最终碌碌无为。

我所熟知和认识的富翁中，只靠自己日积月累挣钱发达的人少之又少，更多的人因借钱而发财，这道理并不深奥，1 美元的生意远远比不上 100 美元的生意赚得多。

不管是想要赢得财富，还是要赢得人生，成功的人在竞争中，第一个想到的不是我输了会怎么样，而是我赢了之后想要做些什么。

借钱的目的是为了创造好运气。假如把一块土地抵押就能有很多的钱，足以让我再占领更大的一块土地，我会立即抓住这个难得的机遇。在克利夫兰的时候，我为扩张，夺得克利夫兰炼油界的头把交椅，曾经很多次欠下巨额债务，甚至不惜将我的企业抵押给了银行，结果我成功了，我创造了令人震惊的成就。

亲爱的约翰，人生就是一个不断抵押的过程，为了前途，我们抵押自己的青春；为了幸福，我们抵押上生命。因为如果你不敢逼近自己的底线，那么你终将会输掉，为了成功，我们抵押冒险，难道不值得吗？

谈到抵押，我想告诉你，在我从银行家手里接过巨款时，我抵押出去的不光是我的企业，还有诚信。合同、契约在我心目中非常神圣，我严格地遵守着合同，从来不拖欠债务，我对投资商、银行家、客户，甚至是我的竞争对手，从来都是以诚相待。无论和他们探讨任何问题，我都坚持着说真话，从来不去捏造那些含糊其词的谎言。我坚信，再完美的谎言只要在阳光下，终究会被揭穿。

做人诚信能取得巨大的回报，在我还没有走出克利夫兰的时候，那些知道我品行的银行家们，曾经一次次地将我从自己难以摆脱的危机当中拯救出来。

我清楚地记得，一天，我的一家炼油厂突然失火，损失惨重。由于保险公司迟迟不能赔付保险金，而我又急需一笔钱重建瓦砾中的企业，我只得向银行追加贷款。而今一回想起那天银行贷款的情景我便激动不已。本来在那些缺乏远见的银行家眼里，炼油业早已是高风险行业，向这个行业提供资金不亚于是在赌博，再加上我的炼油厂刚刚被大火烧毁，所以有些银行董事对我追加贷款犹豫不决，不肯立即放贷。

在这个对我来说十万火急的时刻，他们当中的斯蒂尔曼先生，让一个职员拿来了他的保险箱，对其他几位董事大手一挥，说："听我说，先生们，洛克菲勒先生以及他的合伙人都是非常优秀的，如果他们想要借更多钱的话，我希望诸位能够帮助他，如果你希望能够更加保险一些，我这里有，想拿多少就拿多少。"就这样，我用自己的诚信征服了银行家。

亲爱的约翰，诚实是一种方法，更是一种策略，因为我支付了诚实，所以我赢得了银行家甚至是更多人的信任，也正是因为它，我渡过了一道道的难关，踏上了成长壮大的道路。

现在，我已经不需要再求助任何一家银行了，我自己就是我的银行，但是我永远都感激那些曾经鼎力帮助过我的银行家们。

你将来可能会管理公司，你要明白，经营公司的目的是要赚钱。将自己的公司扩大可以赚钱，但是不要忘了，把公司拿出去抵押也是管理和运用金钱的一项非常重要的方法。如果你只注重一种功能，而忽视另一种功能，就会招致失败；在最糟糕的情形下，可能会造成财务崩溃，在较好的情形下，也许会错失很多机会。

你要学会管理和运用金钱，这也是一门学问，它与单纯的赚钱不同。要管理和运用金钱，你必须乐于亲自动手、亲自管理数字，不能只是空谈管理和策略。真理往往存在于在细节之中。如果你忽视发这些细节，或是超脱细节，把这种“杂事”授权给别人去做，就等于至少忽视了你事业经营的一半重要责任。细节永远不应该妨碍热情，成功的做法是你要记住两点：一个是战术，另一个是战略。

亲爱的约翰，你正朝着赢得一场伟大人生位置的战争前进，这是你一直以来的目标，你需要勇敢，更加勇敢。

爱你的父亲

第 10 封信

幸运眷顾勇敢者

亲爱的约翰:

你的姐姐赛迪几天前非常兴奋地告诉我，说她遇到了幸运之神，她所持有的股票非常“听她的话”，帮她赚了非常多的钱。

我想，赛迪现在一定欣喜若狂。不过，我可不想她因此乐昏了头，我提醒她，做事不能仅凭运气，小心它会抛弃你。

很多成功人士对大家的告诫都是：人不能靠运气生活，特别是不能靠运气来建功立业。但是，有意思的是，很多人非常相信运气，我想他们是把机会和运气搞混了。没有机会，就不会有运气。

亲爱的约翰，想一想你所碰到的那些幸运者，很多都算不上温和善良，他们总是充满自信，非常大胆，相信天下无难事。这里面有一个“鸡生蛋，蛋生鸡”的问题：幸运者到底是因为幸运才自信和大胆呢，还是由于他们自信和大胆，所以幸运才降临到他们头上呢？在我看来，后者的可能性非常大。

勇敢者是幸运之神的宠儿，这是我一生信奉的格言。胜利绝非只属于强者，那些勇往直前、无所畏惧、小心谨慎、生气勃勃的人，获得胜利的概率也非常大。

不过，有人却认为，相比勇敢，谨慎更易获得胜利。但是勇敢和冒险比起谨慎而言，更能吸引人们的目光，获得人们的赞赏，这些是懦弱无法比拟的。

没有谁是不赞赏自信勇敢的人的，至少我所见到过的人里没有，每个人从内心里都是自信勇敢之人的忠实粉丝，期望我们的领袖能够就是这样的人物，孩子，我们不得不承认我们之所以会那样支持他们，正是由于他们的身上有着强大的吸引力。因此，成功的人往往是勇者，勇者也常常会成为成功的人，你看看那些英明的领袖、勇武的将军、果决的总裁、自信的司令官，他们他们当中几乎都是自信勇敢的人，还有那些迅速升职、交好运的人也几乎都是这种人。

多年的经验告诉我，自信、果敢的人身上拥有强大的吸引力，他们能够完成最好的交易，结成最强有力的盟约。反之，胆小犹豫的人却很难做到这些。除此之外，大胆的想法对自己也很有好处。有自信的人会根据自己的目标来部署计划，直到最终达成目标。

当然，我们不可确保这样的做法就一定会成功，但是却可以确信这样会自然而然地展望成功。换言之，倘若你自己觉得自己就是一个胜利者，你就会自觉不自觉地做更多像个胜利者做的事，进而去改变你的“运气”。

桀骜不驯的狂妄之辈、毫无头脑的冒失鬼并不是真正的勇者。勇者善于利用预测和判断来详细地计划和做决定，就好像谋略家一样，会让你觉得信心倍增，立刻觉得有了很强的优势，可以打败你的对手。和你说到这里，便勾起了我十几年前大胆决定购买莱玛油田的记忆。

在我收购莱玛油田之前，石油界每天都充斥着原油枯竭的恐惧感，就连我的助理都开始担心石油行业不能长期获利，而暗中悄悄地出售公司的股票；有些胆小的人甚至还建议，要公司早早撤出石油行业转到其他利益较为稳定的小风险行业中去，还扬言说继续在石油行业中行走下去，我们的这艘大船将会永远不得返航。

我作为公司的领导人，在这种悲观的氛围下绝不能垂头丧气，应该要让员工看到希望。于是，我告诉处于恐慌中的人们：上帝会赐予我们一切。

上帝再一次眷顾了我——俄亥俄州的莱玛镇发现了油田！不过，莱玛的石油中有一种难闻的味道，用之前的方法根本去除不掉。刚刚燃起希望火苗的人们又一次遭受到了打击。但我却对莱玛油田很有信心，我甚至认为，只要我们独占了莱玛，我们就有机会控制整个石油市场。

于是，我郑重地对公司的董事说："这是个难得的好机会，我要把钱投到莱玛去！"但是，可惜的是，董事会中那些谨小慎微的人拒绝了我的意见。

我的办事方式是希望通过心平气和的讨论来让大家都能够听从我的建议，而非将我的想法强加于人。

经过长时间的等待后，这件事还没有结果。我开始担心：我们创建的全球规模的巨型炼油厂，像一个嗷嗷待哺的婴儿一样，渴望着源源不断的原油，但是我们在宾州的油田正在走下坡路，一些小油田已经逐渐减产，再这样下去，我们就只能靠俄罗斯的原油供给来维持了。

如果真到了这种地步，我相信俄国人一定会借此对油田加强控制，并趁机削弱我们的实力，直到把我们赶出欧洲市场。不过，只要有了莱玛的石油资源，上面这样的情况就不会出现，我还是赢家。别再等待了，是时候该行动啦！

正如我所猜到的那样，董事会上，那些胆小者依然拒绝接纳我的观点。但是，我是绝对不会将自己的目标收回的。沉寂的董事会上，我以让反对派大吃一惊的手段征服了在座的每一位董事。我郑重其事地对他们说："好吧，先生们，我尊重你们的想法。但是，我必须得告诉大家，我们所驾驶的这艘巨轮就行驶在翻涌着滔滔大浪的海面上，倘若我们不希望看到它没入海底的惨景，那么我们就必须得保证原油源源不断的供给。现在，莱玛油田的大量石油正在向我们招手，我已经看到了它即将会带给我们的巨额财富。即使是看在仁慈的上帝的分上，我们也没有理由说那带有臭味的液体没有什么市场，我坚信上帝赐给我们的每一样东西都是有它特定的价值的，相信科学可以帮助我们扫除疑虑。因此，我决定用自己的钱投资这个项目，并甘愿担当两年的风险。等到两年后，倘若这个项目成功了，公司如数将钱退还给我；倘若这个项目失败了，后果由我一人负责。"

反对我最起劲的普拉特先生被我的决心与诚意所感动，他含着眼泪激动地说："我被你说服了。既然你觉得你做的是对的，那么我和你一起干！你敢冒险，我也敢。"这种一荣俱荣、一损俱损的精神，是我们越来越强大的精神支撑。

我取得了成功。我们将大笔的资金投到莱玛，不但得到了巨额的回报，还垄断了整个美国最大的原油生产基地。而在莱玛获得的成功又更加使我们充满活力，开始在石油业展开了大规模的收购。结果正如预期的一样，我们在石油业成为所向披靡的超级舰队，有着绝对的统治权和领导力。

亲爱的儿子，态度对运气的创造来说很重要，而这些机会和运气就源于你自己的选择。假如你百分之五十一的时间做的都是正确的事，那么你一定会成功。

这是我对幸运最深切的体验。

爱你的父亲

第 11 封信

忠于自己，方成大事

亲爱的约翰：

你现在的心情不知是否好了一点儿？倘若还没有转变过来的话，我想我就很有必要同你说些什么了。

你要知道，在这个世界上，我们多数人会受到一种神奇力量的驾驭，并且它能够将我们的人性赤裸裸地暴露出来，并公正地把我们钉在纯洁和肮脏的图板上，以至于让我们所有的自我辩护都变得那样的苍白无力，不管我们多么的伶牙俐齿，那就是检验我们人性的试金石——利益。

换言之，利益就是你人性的投影仪，在它的面前，无论你是多么狡猾，都会原形毕露的，什么伦理道德本质都将会现形，只有裸露着人性的全部面目在你的面前。也许你认为我说的话有些绝对，但是我的经历已经证明了这一切。

我不是一个历史学家，不知道他们会如何解释人类的高尚和卑劣，但是我的人生历程让我坚信：利益似乎是无坚不摧的，本来能安稳生活的人、种族、乃至于国家，都因为利益而聚到一起，随后尔虞我诈、刀枪相见。在那些布满了陷阱、骗局甚至是诽谤污蔑以及诋毁的血腥争斗中，你都能够发现追逐利益的影子。从这个意义上来说，与其说我们是自己内心的主人，还不如说我们是被利益所驱使的奴隶。

我可以毫不客气地说，这个世界上，除了神以外，不存在不追逐利益的人。从你走进和人交往的那一刻起，一场旷日持久的生存游戏就开始了。在这场游戏中，每个人，甚至你自己，都可以是你的敌人。你需要和他人，和自己的弱点作战，并且坚决抵制那些将快乐建立在你痛苦之上的人和事。

别误会，亲爱的约翰，我不是要将你带到一个人性黑暗的世界里去。事实上，我渴望能够收获友谊、真诚、善良以及一切能够滋养我内心的美好情感，我也相信这些情感是一定存在的。非常遗憾的是，在追逐名利的商场当中，根本无法找到这种美好东西的身影，我所遭受的常常是出卖和欺骗的打击。即使是到了今天，我还依然清楚地记着历次经受欺骗的刻骨铭心之痛！

还记得最让我受打击的一次是在克利夫兰的被骗经历。那个时候，炼油业由于供大于求而利润微薄，很多炼油商已经面临破产的危险。同时，因为克利夫兰远离油田，这也就意味着同那些本身就在油田的炼油厂相比，我们要付出更加高昂的运输费用，令自己处在一个不平等的地位上。我下定决心要改变这种局面，于是便大肆地收购挣扎在死亡线上的炼油厂，以此来形成一股强大的合力，好统一大家的行动，最终达到每个人都富裕起来的目的。

我对那些面临破产的炼油厂主说明了在克利夫兰的不利地

位，并且鼓励他们为保护共同的利益要做出一些事情来。我觉得我的计划很好，所以建议他们认真想一想。假如感兴趣，欢迎随时和我协商。基于这种善良的愿望和战略上的考量，我买下了在当时看来毫无价值的一个工厂。

本以为这是善举，谁知道那些人却是邪恶、自私和忘恩负义者的化身，他们拿到我的钱后便视我为敌人，完全不在意与我达成的协议，用出售废铁的钱来重新购置设备，重操旧业，并且公然地敲诈我，让我买下他们的工厂。这些人当初在求我收购他们的工厂的时候，都要求我开个好价钱，出于诚实守信，我都一一做到了，可是最后的结果却十分让人痛心。在那一刻我的心情简直是糟透了，我甚至自责自己不应该这么诚实，不应该这么善良，否则我不会落到这样窘迫的境地。

令我最不能接受的是，这场追逐利益的游戏中，你的敌人可能昨天还是你的朋友，这种情形时常会发生，我的教友就曾经毫无节制地多次蒙骗于我。看在上帝的分上，我不想再历数他们的罪恶。但是我可以告诉你，当我知道我一直被他们蒙在鼓里的时候，我震惊了，我不明白那些和我一起祷告、虔诚地发誓要摒弃骄傲和贪婪之心的人，为什么一转身就变得这样的卑鄙。

在经历了种种欺骗与谎言之后，我告诉自己：你只有靠自己，才不至于上当受骗。这种与世界为敌的想法很不好。但是，我也很无奈，因为这个世界存在着太多的欺骗，我们必须时时提防才能够更好地生存。

亲爱的约翰，命运带给我们的，并不是失望之酒，而是希望之杯，所以振作起来吧，发生在华尔街上的那件事并没有什么大不了的，它只能说明一个问题，那就是你太过信任别人了。不过你要记住的是，以后一定不要在同一个地方跌倒两次。

爱你的父亲

第 12 封信

只有放弃才会失败

亲爱的约翰：

这是一个伟大的日子！

今天，全国上下都怀着一份特殊的情感来祭奠伟大的总统亚伯拉罕·林肯先生。我相信林肯先生受之无愧。

在我心目中，没有人能比林肯更伟大。他为了解放黑奴运动而饱含仁爱之心，英勇奋战，最终打破了禁锢合众国公民的锁链，使得种族之间的仇恨有所缓解，使得合众国公民的灵魂更加包容和仁爱，也更加健康。

他摧毁不仅仅是旧的制度、旧的思想，更是种族仇恨和种族歧视的罪恶历史。他让一个国家获得了新生，让美利坚合众国的人民获得自由和平等。

今天，我们用全国上下共同追思纪念的方式来完成对英雄最好的祭奠。

然而，我们感激他所做一切的时候，我们更应该汲取并且发扬他所具备的特殊的精神——那些执着的勇气和不屈的决心。在我看来，学习他执着追求的精神就是对他最好的纪念。

林肯是个不屈不挠、抗争到底的英雄。他生下来就一贫如洗，曾被赶出家园。他第一次经商就失败了，第二次经商败得更惨，以致用去十几年的时间他才还清了债务。

他的从政之路同样坎坷，第一次竞选州议员就遭遇失败，并因此丢了工作。第二次竞选虽然获胜了，但是承受了失去亲人的痛楚。在这之后，他接连经历了 6 次竞选的失败，但是丝毫不能动摇他从政的决心，直到最后当选了美国总统。

很少有人像林肯一样，在经受了无数次打击和挫折之后，还能够百折不挠，不改初心。每一次的失败，林肯都会不停地激励自己："这只不过是滑了一跤而已，并不是死了，只要爬起来就行了。"这些词汇是克服困难的力量，也终于使他受到了万人敬仰。

林肯的一生书写了一个伟大的真理：只要不放弃就不会被打败。

功成名就是持续的奋斗铸就的。看看那些成功者，都是在承受无数打击和挫折之后，依然不妥协、不放弃，最终才成就了辉煌的事业。

例如伟大的希腊演说家德莫森，他因为口吃，而生性羞怯。他父亲去世的时候，留给一块足以让他衣食无忧的土地。但是，根据当时国家的法律条文规定，他必须在继承之前，通过公开辩论来赢得所有权。结果，十分不幸，由于他的口吃和羞涩，他失去了那块土地。

经历这次失败后，他没有灰心丧气，而是越发勤加苦练，终于战胜了自己的羞涩和口吃，创下了人类前所未有的演讲高潮。

历史终究忘了那位获得了他财产的人的名字，但是几个世纪之后，整个欧洲依然还记得这个伟大的名字——德莫森。

太多人由于只看重自己失去的，而忽略了自己拥有的，导致丧失了功成名就的机会，这真是很悲哀。

林肯的一生就是化挫折为胜利的伟大见证。没有不经失败的幸运儿，重要的是不要因失败而变成一位懦夫。如果我们尽了最大努力仍然不达目的，我们所应做的就是吸取教训，力求在接下来的努力中表现得更好就行了。

我并没有狂傲到要和林肯先生相提并论，只是我身上也具有他的一些精神。我很厌烦生意失败，赚不到钱，但是我更害怕的是，因为这个而使我在以后的生意中瞻前顾后，不敢施展手脚。假如结果是这样的话，那我的损失就太惨重了。

对一般人而言，失败很难使他们坚持下去，而成功则容易继续下去。但林肯绝对是个特例，他会从各种失败中总结经验教训，然后以自己顽强的毅力赢得更好的结果。正如他所说的："天鹅绒上是无法磨利剃刀的。"

世界上没有一样东西可取代毅力。才干也不可以。怀才不遇者比比皆是，一事无成的天才很普遍；教育也不可以。世上充满了学无所用的人。只有毅力和决心无往不利。

当我们继续迈向高峰时，我们必须记住：每一级阶梯都供我们踩足够的时间，然后再踏上更高一层，它不是供我们休息之用。我们在途中不免疲倦与灰心，但就像一个拳击手所说的，你要再战一回合才能得胜。碰到困难时，我们要再战一回合。每一个人的内在都有无限的潜能，除非我们知道它在哪里，并坚持用它，否则毫无价值。

我们需要努力工作才能够不失时机地抓住伟大的机会。就像有句谚语说的："打铁要趁热。"毅力与努力同等重要。"黎明之前总是最黑暗"，每一次的否定和质疑都会更接近真相。我们只有勤奋努力工作，不失时机地发挥个人的才能，成功才会眷顾你。

今天，我们在感激、赞美林肯总统的时候，我们不要忘记，要用他一生的事迹来激励我们自己。即便我们做了，最终没有获得成功，对我们自己来说，我们仍然是个赢家，因为在这个过程当中，我们已经拥有了知识，同时也学会了如何去面对人生，这本身就是最大的成功。

爱你的父亲

◇ 不放弃才不会被打败 ◇

林肯生下来就一贫如洗，曾被赶出家园。他第一次经商就失败了，第二次经商败得更惨，以致用去十几年的时间他才还清了债务。

林肯第一次竞选州议员就遭遇失败，并因此丢了工作。第二次竞选虽然获胜了，但他却承受了失去亲人的痛楚。在这之后，他接连经历了6次竞选的失败。

很少有人像林肯一样，在经受了无数次打击和挫折之后，还能够百折不挠，不改初心。林肯的一生书写了一个伟大的真理：只要不放弃就不会被打败。

第 13 封 信

信心是成功之父

亲爱的约翰:

我非常赞同你所说的，雄才大略的智慧能够创造出奇迹。不过，在现实中却很少有人能够创造奇迹，太多的人则是泛泛之辈。

值得我们思考的是，每个人都想成功；每个人都想要获取到很好的收获；每个人都不喜欢依靠巴结别人过着平庸的生活；每个人都希望自己能够有才华，而且这一切都是自然而然就能够实现的。

难道我们不具备雄才大略的智慧吗？不是的！“坚定不移的信心足可移山”早已写在《圣经》之中，这可是最实用的成功智慧。可是就算是知道，为什么还是有那么多的失败者呢？在我看来，并没有太多人坚信自己能够移山，最终能够做到的人也不多。

对绝大多数人来说，都认为“坚定不移的信心足可移山”是根本不可能实现的。我觉得这些执迷不悟的人犯了一个常识性的错误，他们错误地将信心当成了“希望”。没错，我们不能用希望移走一座高山，不能依靠希望获取到成功，也不能依靠希望取得财富甚至地位。

然而，信心却可以帮助我们移动眼前的山丘。也就是说，只要相信，我们就能成功。你也许会觉得我将信心的力量神秘化了，并不是这样，信心所产生的是一种我坚信自己能够做到的态度，相信我能够做到的态度则能产生出必备的能力、精力以及技巧。每当你坚信自己能够做到的时候，自然就会想出相应的解决方法，成功就诞生在成功解决问题之中，这就是信心发挥力量的时候。

每一个人都“希望”有一天能踏入最高阶层，享受随之而来的成功生活。但是他们绝大多数人偏偏又缺少必需的信心与决心，因此他们也无法依靠坚定的信心而达成目标。这些人中当然不包括我。当我还一文不名的时候，就相信自己有朝一日一定能够成为世界上最富有的人，正是这种强烈的自信激励我想出各种可行的计划，找到做事的方法和技巧，一步步登上了石油王国的顶峰。

我从来不相信失败是成功之母，我只坚信信心是成功之父。胜利和失败都是一种习惯，假如你想获得成功，前提就是必须不断地胜利。一次性胜利是没什么作用的，必须是不间断的胜利才能够帮你达到最高峰。信心使我成功的欲望和动力都成倍地增长。

相信会获得伟大的成果，是所有伟大事业、书籍、剧本，乃至于科学发展背后的动力，相信就会成功，已经成为成功人士所拥有的一项基本而又必备的要素，但是很遗憾的是，失败者却慷慨地丢掉了这些。

我曾经和许多在生意当中失败的人谈话，这些失败者在同我交谈的时候，经常无意中提到的几句话是：“老实说，我并不认为这个主意行得通。”“我在事情还没有开始之前就已经感到不安了。”“我并没有对事情的失败感到惊讶。”

无论做什么事，如果你是抱着暂且试试看的态度，最后的结果一定是失败。当你对你正在做的事情抱着一种不以为然的态度，甚至对你所做的事情产生怀疑的时候，你就会找到各种理由来支撑你的不自信。怀疑、不自信，这种种心理，就会让你一步步走向失败。心中存疑，就会失败；相信自己会胜利，就一定会成功。

信心的大小和成就的大小成正比。庸庸碌碌的人们，自认为自己做不了什么事情，所以他们自己仅仅能获得很少的报酬，他们不相信自己能够做出了不起的事情，那么抱着这种心态，他们可能就真的不行了。

那些积极乐观、敢于拼搏的人，是肯定自己有很大价值的人，这些人通常能够获得很高的报酬，他相信自己能够处理艰巨的事情，而最后的结果往往证明了他们真的能够做到。他所做的每一件事情，他待人接物的方式，他的个性，他的想法以及见解，都显示出他是这个领域的专家，他是一个不能缺少的重要人物。

正是信心，照亮了我的道路，不断给我勇气，让我愉悦地面对生活的理想。在任何时候，我都时时增强自己的信心。我用成功的信念取代那些失败的想法。所以当身处困境时，我想到的是“我会赢”，而不是“我有可能会输”；当与人竞争时，我想到的是“我跟他们一样好”，而不是“我不如他们”；当机会出现时，我想到的是“我能做到”，而不是“我做不到”。

亲爱的约翰，值得我们用一生去思考和追求的人生终极目标，就是成功。因此，任何时候都要保持正确而积极的信念。

爱你的父亲

第 14 封信

贪心大有必要

亲爱的约翰：

不要去理会那些口口声声说我贪心的人。

一直以来，我都把别人说我贪心视为一种赞美，而非讽刺。这份对我的特别颂扬，最早出现在我的事业达到辉煌顶峰之时，那时洛克菲勒这个名字已不再仅仅代表一个人，而是财富的象征，是一个庞大的商业帝国的象征。

那个时候，很多媒体和大众都借贪心来讽刺和诋毁我，想让我的商业帝国变得充满铜臭味儿。不过，我却表现得十分镇定，淡然自若。

我清楚地认识到，嫉妒是人本能中的一种天性，也是缺乏能力和毅力的一种表现。当你比其他人更成功的时候，他们就会想尽办法来挖苦讽刺你，甚至编造出各种谎言来诋毁你的名声，同时还要表现出对你的成就不屑一顾。这都是嫉妒心在作怪，那种所谓的孤高自傲正体现了他们本身的虚弱。

非常有意思的是，假如你生活窘迫，他们又会讥笑你、贬低你，使你丧失做人的尊严。这就是人之本性！

上天没有赋予我改变人类本性的能力，我所能做到的，就是让那些嫉妒我的人继续去嫉妒，尽管我知道，假如我把我的财富分一些给那些说我坏话的人，那么他们就会转过头来恭维我。当然，我不会这么做。我相信，没有任何一个人会这么做。

绅士永远不会与无知者争辩，我当然不会同那些“恭维”我贪心的人论战，但还是会忍不住要蔑视他们。看看漫长的历史，看看人类发展的脚步，就可以总结出：任何社会都是在“贪心”上建立的。那些千方百计诋毁我的人，看起来像是手握道德的利器，可谁不想独占好东西呢？谁不想操控一切呢？所以在我看来，这些人是虚伪的。

如果你有一颗橄榄，你就会想再要整棵橄榄树。我活了快八十岁，见过不会吃牛排的人，却从来没有见过不贪心的人。特别是在商界，功利和拜金都是由于贪心。我相信，在未来不贪心的人仍将是地球上的稀有者。谁会停止对美好事物的追求和占有呢？阿奇博尔德先生说我就像一匹能闻到终点线味道的赛马，一旦闻到就会不顾一切地冲刺。这话多少有点奉承我，但说得没错，我的确贪心。

我在商业学校读书时，一位老师说了一句让我终生难忘的话，这句话可以说改变了我的命运，他说：“贪心没什么不好，我觉得贪心是件好事，人人都可以贪心。贪心带来希望！”

当我的老师在讲台上喊出这句非常有煽动性的话语时，台下的同学们一片哗然。我们从小就被灌输的传统道德观念与“贪心”这个词格格不入。无论是在社会、政治、文化还是经济领域，传统道德观在社会各个层面都被当作一把标尺，假如以这把尺子来衡量贪心，那么，它无疑是肮脏不堪的。

当我走向社会、踏上创造财富之旅后，我才深深体会到，那份学费花得太值了，我老师的主张是真知灼见。正如那些演讲家所说的，自然界不会有任何的怜悯与同情，这里是弱肉强食、适者生存的地方，即便是再文明的社会也摆脱不了这个定律。假如你不“贪心”，那么在这个机会并不是太多的世界上，机遇就会被别的“贪心”的人抢去。

就我的个人经验来讲，假如你想要赚大钱，想要功成名就，不仅仅是“贪心是件好事”这么简单，而应该认定“贪心”非常重要且必要！

贪心潜藏的含义就是“我要，我要更多，独占更好！”

试想，有谁的内心里不曾发出过如此的呐喊？执政者会告诉自己，我要掌握更大的权力，从州长直到总统；经商者会告诉自己，我要赚更多的钱，越多越好；父母会说，我希望我的孩子功成名就，永远富裕、幸福快乐……

不过，由于受到传统道德的束缚，无数的贪心者将自己的贪心深深地包裹了起来。

只有我们的世界上还存在着争名夺利，幸福还要靠个人奋斗去争取，那么就肯定会存在贪心。

认为贪心很可怕的人是虚伪的。在我看来，将贪心之锁打开，并不意味着打开了潘多拉的盒子。正是由于许许多多跳动着的“贪心”，我们的生命才可以爆发出无限的潜能。

我如果不“贪心”，就不可能从一个周薪只有5美元的簿记员，一跃成为如今全美国最有钱的人。“贪心”给了我创造财富的无穷力量；“贪心”推动了整个社会的不断演化和前进……

在我谈论“贪心”的时候，你可能更希望我将它说成是“抱负”。其实，我认为，我们应该大方地承认自己的“贪心”，而且“贪心”比“抱负”看起来显得更加质朴。质朴就意味着灵魂中正直无私的品性，在我看来，它比真诚更可贵、更高尚。

在同山姆·安德鲁斯先生协作创办石油公司之初，我的贪心就已经在膨胀了。每天我都在暗示要将自己历练成克利夫兰最大的炼油商，让涓涓流淌着的石油变作成捆的钞票，我要做真正的石油之王。

刚开始创业的日子里，我十分忙碌，凡事必亲力亲为。我指挥炼油，亲自组织铁路运输，整天都在思考如何降低成本，扩大石油副产品市场。在那段日子里，我总是忍饥挨饿，夜以继日地奔波辛劳。

亲爱的约翰，自己真心喜欢的事情一定要尽力去做，命运的主宰者是你自己。成功与失败并不仅仅在于一念之间，而是看谁更“贪心”，并且能够为了自己的“贪心”全力以赴，付出全部的努力，进而超越自己。

我在每前进一步的时候，都能够感应到自己强烈的贪心鼓动！贪心不仅能够发掘出一个人的全部潜力，同时还会逼迫着一个人为了全速前进而献出自己的一切。

成功以后，我听到最多的提问是：“洛克菲勒先生，是什么让你走向了财富的顶峰？”我不能说出“贪心”这个很多人都不愿意听到的答案。但是，事实上，就是因为我的“贪心”，不断膨胀的“贪心”，造就了我现在的成功。

每个人的内心深处都有着有潜能的、灵敏跳跃着的“贪心”。假如你不是十分热爱它，热切地想要得到它，而是总让它冬眠，那么它就会一直沉睡在你的内心深处。

没有任何东西可以阻止我打开“贪心”的枷锁，因为我向往成功。你大可不必为因为“贪心”而获得的成功感到愧疚，因为成功属于一种高尚的追求，只要你追求的行为高尚，而且对人类做出的贡献远远比贫穷的时候多得多，那么，你就是成功的。

我做到了这一点！

看一看今天我们所做的这些善举吧，将巨额的财富投入到教育、教会、医学甚至那些贫困的人身上，这绝对不是一时心血来潮的施舍，而是一项伟大的慈善事业，你看，世界正因为我的成功而变得更加的美好。看来贪心是件好事，而不是什么罪恶。

从这方面来考虑，假如那些说我贪心的人并不是要诋毁我的声誉，那我可能会比较容易接受他们如此评论我。

亲爱的约翰，我主宰着自己的生命，因此我完全不会理会那些人怎样评价我，我的内心是淡然自若的。

在那些人的眼中，我似乎永远都是一个拥有卑鄙动机的商人，即便是我投身慈善事业，也被他们当成一种诡计。他们怀疑我有追求私利的动机，却丝毫看不到我无私奉献的公益精神，更有人甚至说我这么做是为了赎罪，没有比这更可笑的事了。

亲爱的约翰，我能告诉你的是，你的父亲是值得你钦佩的。我所赚的每一分钱都是干干净净的，都是我辛勤劳动所得。

我相信上帝是最公平的法官，他会将巨额的财富赐予我，是因为他看到了我的辛勤努力。而我又能够在上帝的庇佑下财源滚滚，是因为上帝知道我会将自己所得的每一分钱都无私地返还到社会上去造福我的同胞们。

现在该是我读《圣经》的时候了。

今天晚上的夜色真的好美，每颗星星似乎都在对我说：“干得不错，约翰。”

爱你的父亲

第 15 封 信

竞争容不得同情心

亲爱的约翰：

今天在去打高尔夫球的路上，我再次感受到了久违的挑战，这种感觉真是太棒了。

一个年轻人开着他时髦的雪佛兰骄傲地超过了我。这一下子激发了我这个老头子的好胜心，结果我反超了他。这件事情让我像是昔日在战场上战胜劲敌一样高兴。

要知道，好胜是人的天性，因此我会说，那些谴责我贪心的人都说错了。其实我喜欢的并不是钱，是赚钱的过程，是战胜对手、获得胜利时的美妙感觉。

当然，有时候看到别人输了我也有点同情，但是，商场如同战场，最无情的就是你下定决心要打败对手的时候。你别无选择，你只能想尽办法战胜对手，只有这样你才能避免惨遭失败的悲剧命运。只要有竞争的地方，大抵都是如此。

想要成功，几乎都得或多或少地牺牲别人。如果你想要赢得最后的胜利，就开抛开对别人的同情心，不能只想着做好人，不能保留实力，不要选择逃避或者想凭借拖延使你的对手出局。要知道，地狱里住的都是好人，失败的痛苦是商战的一部分，我们彼此都在做着努力灭掉对手的事情，如果没有奋斗到底的决心，那你就只能做个失败者。

虽然我并不喜欢竞争，但是我努力地去做了。我那想要赢的本性每当遇到劲敌时就会燃烧起来，而每当它熄灭的时候，我所收获的就是胜利和快乐。本森先生就曾经让我体会到了这种快乐。

至于与波茨先生的开战，其实是源于一个因为好心而导致的误会。在70年代（指19世纪70年代。编者注），石油开采都集中在宾州西北部一个不大的地方，如果能在那里铺设一张输油管道网，连接起来各个油井，我只需要一个阀门，便可以轻松控制整个油区的开采量，从而彻底独霸这一行业。但让我担心的是，如果利用管道来进行长途运输，会引起那些同我合作的铁路公司的不安，所以为了能够维护他们的利益，我一直都没有启动铺设输油管道的计划。

但是，那个曾经要弄过我、后来又与我妥协的宾州铁路公司，却野心勃勃想取代我。他们想要将油区最大的两条输油管道并入到自己的铁路网，想要以此来要挟我。受命完成这一任务的人，就是波茨先生，他当时是宾州铁路公司的子公司帝国运输公司的总裁。

坐视对手，等着对手实力的增强，无疑会对自己的地位构成威胁。我不会犯这种愚蠢的错误，我决定要抢在别人之前达到自己的目的。我迅速地和精明强干的奥戴先生组建了美国运输公司，与帝国公司开展了一场激烈的战争。感谢上帝，我们的努力有了回报，不到一年的时间，我就掌控了油区四成的石油运输业务，压制住了波茨先生的猛烈攻势。

但是这一切，都仅仅是我和波茨先生交手的开始。

真正的成功人士，都是那些知道如何去利用自己理想环境的人，如果没有这种环境，他就会自己创造一个出来。

两年后，在宾州布拉德福又发现了一处新油田，奥戴先生迅速带领他的人马不分昼夜地把输油管道扑向那个激起千万人发财梦的地方。但那里的那帮采油商个个都发了疯一样，根本就没有节制，恨不得一夜之间就把油全部采光，然后扬扬得意地揣着钞票走人。所以，不管奥戴他们如何努力，都无法满足石油运输和储存的需要。

我不愿看到辛辛苦苦的采油商自掘坟墓，我请奥戴劝告采油商，他们的开采能力已经远远超过我们的运输能力，他们必须缩减生产量，否则，他们开采出来的石油将变得一文不值。但无人接受我们的劝告，更无人欣赏我们的努力，反而来声讨我们。

就在疯狂的布拉德福德采油商们情绪高涨到极点的时候，波茨先生向我们发起了攻击。首先，他在纽约、费城、匹兹堡并购我们竞争对手的炼油厂，准备在我们的炼油基地向我示威；然后，就开始在布拉德福德同我们抢占地盘，铺设输油管道，企图将布拉德福德油区的原油运输到自己的炼油厂去。我非常欣赏波茨先生的胆量，更加愿意接受他这种试图动摇我统治地位的挑战，但是我必须要将他赶出炼油行业。

我首先拜会了宾州铁路公司的大老板斯格德先生，我直言不讳地告诉他，波茨是个偷猎者，他正在闯入我们的领地，我们必须让他停下来。但斯格德非常固执，一心想让波茨的强盗行径继续。我没得选择，只好迎战这个很强大的敌人。

首先我终止了所有和宾州铁路公司的业务，并且指示我的部下们将运输业务全部转给一直坚定地站在我们这边的两大铁路公司，并要求他们降低运费和宾州铁路公司竞争，来削弱它的力量。同时我命令关闭依赖于帝国公司运输的所有匹兹堡的炼油厂，宾州铁路公司当时是全美最大的运输公司，斯格德先生是一个掌握运输大权的巨头，他们从来不会因为被征服感到荣耀，但是就在我这种混合式的打法之下，他们最终的结果只有臣服。

为与我对抗，他们忍痛给予我们竞争对手巨额折扣，换句话说，他们为别人服务还要付给别人钱。

接着他们使出了不得人心的一招——裁减公司职员、削减工资。斯格德和波茨没有想到，这很快招致了惩罚，愤怒的工人们为发泄不满，一把大火烧了他们几百辆油罐车和一百多辆机车，逼得他们只得向华尔街银行家们紧急贷款。

这件事导致的后果就是当年宾州铁路公司的股东们非但没有分得红利，而且股票价格一落千丈。他们与我决斗的结果，就是他们的口袋越来越干净。

军人出身的波茨先生有着不屈不挠的精神，在胜负已分的情况之下，他依然想要和我对抗下去。可是同样有些军旅生涯的斯格德先生比较识时务，他果断地向我认输，放弃了炼油业务。

我一直相信，波茨先生有能力证明自己是个伟大的人，可是最终他失败了，他彻底地失败了，就在几年之后，波茨放弃了和我对抗的念头，最终成了我下属一个公司里非常勤奋的董事。

傲慢通常会让人垮台。斯格德和波茨这些人曾经目空一切，我为曾经战胜这样的强敌而自豪。

亲爱的约翰，我虽然喜欢胜利，但不会为追求胜利而不择手段。不计代价获得的胜利不是胜利，丑恶的竞争手段让人厌恶，那等于是画地为牢，可能永远无法超越，即使赢得一场胜利，也可能失去以后再获胜的机会。

循规蹈矩并不代表自己没有追求胜利的决心，而是采用一种更加合乎道德的方式去赢得胜利，在这种限定之下，公平、公正，无情地去追求胜利，而我，希望你能做到这点。

爱你的父亲

第 16 封信

天下没有免费的午餐

亲爱的约翰：

我已经注意到那条指责我吝啬、说我捐款不多的新闻了，这没什么大不了的。我被那些记者骂得够多了，已经习惯他们的无知刻薄。我用沉默来应对他们的口诛笔伐，因为我清楚地知道自己在做什么，我坚信我是正确的。

凡事无愧于心就好。我很少理会那些乞求我出钱解决他们个人问题的理由，更能解释让我出钱比让我赚钱更令我紧张的原因。这个故事是这样的。

一户养猪的农家因为忘记关门而跑掉了几只猪，这些逃走的猪经过几代的繁衍变成了野猪，它们竟然开始攻击路过的行人。当地几位经验丰富的猎人听说了之后，就想为民除害。然而，这些猪却非常聪明，每次都逃脱了。

亲爱的约翰，你可能意识不到，当猪获得自由和独立的时候，也会变得强悍和聪明。

某天，一个老人赶着一头拖着很多木材和粮食的驴来到了野猪出没的地方。当地的人就很好奇，问道："你是从哪里来的，打算做什么呢？"老人说："我来帮你们抓野猪啊！"大家一听，都哈哈大笑："别开玩笑了，最好的猎人都抓不到，何况是你？"然而，两个月以后，老人回来说，野猪已经被他关在山顶上的围栏内了。

村民们非常惊讶，纷纷问那个老人："是吗？这太不可思议了，你是怎么逮住它们的？"

老人笑着解释道："首先，我找到了野猪经常吃东西的地方，然后就空地上放一堆粮食作陷阱的诱饵。那些野猪起初被吓了一跳，但最后还是好奇地跑过来，试探闻着粮食的味道。很快，就有一头老野猪吃了第一口，然后其他野猪也就一窝蜂地跟着吃起来。看到这些，我就知道我肯定能抓到它们了。"

"到了第二天，我增加了一些食物，还在附近立了一块木板，野猪看到这个木板有些害怕，不敢靠近了。然而，最终还是没有抵抗住食物的诱惑，它们不久都跑过去大口吃起食物来。野猪当然不知道这是个圈套，只是顾着吃食物。后来，我就每天在放粮食的同时多加一块木板，直到把它们都可以围起来。

"然后，我挖了一个坑立起了第一根角桩。每次我加进一些东西，它们就会远离一些时间，但最后都会再来吃免费的午餐。围栏造好了，陷阱的门也准备好了，而不劳而获的习惯使它们毫无顾虑地走进围栏。这时我就出其不意地收起陷阱，那些白吃午餐的猪就被我轻而易举地抓到了。"

这个故事中的道理很容易理解，当一只动物不劳而获，靠人类供养的时候，它的智商就为零，接着它就遇到了大麻烦。

其实人类也一样，假如你想让一个人变残废，只要给他一对拐杖，然后过段时间就可以达到目的了。

这就是说，你在一定时间内，总是给一个人白吃白喝，很快他就会习惯不劳而获。因为，每个人从出生那刻起就有渴望被“照顾”。

是的，我一直教导你要去帮助那些需要帮助的人，但同时还要告诉你，假如你给那人一条鱼，只能保证他一天不会挨饿。但是，假如你教会他捕鱼的本领，那么他就一辈子都不会挨饿了。这就是“授人以鱼，不如授人以渔”的道理。

在我看来，给一个人金钱资助不是一个明智的选择，它会使那个人失去奋斗的激情，变得懒散，不求上进，毫无责任感。

更为重要的是，当你施舍一个人的时候，就等于在践踏他的尊严，也改写了他的命运，这并不是一件好事。作为一个富人，我身上有着帮助人们变得更好的责任，但是绝不能给社会制造更多的懒汉。

任何人一旦养成懒惰的习惯，这个习惯就会一直占据着他的生命，吃免费午餐的习惯会让他越来越堕落，以致失去成功的机会。

勤奋的工作才是唯一可靠的出路，才能够让他体会到成功的喜悦，也才能让他明白，只有辛勤努力工作才能够获得财富的道理。

在遥远的过去，有一位很聪敏的老国王，他很想让他的臣下们编撰一部智慧录，好造福后代子孙。于是，他将他所有睿智的臣下们都召集来，对他们说：“倘若我们的头脑里没有了智慧，就好比是灯笼里没有了蜡烛，所以，为了让我们的子孙能够拥有智慧的明灯，我要求你们去编撰一部各个时代的智慧录，好帮着他们去照亮未来的人生。”

那些睿智的臣下们领命离去后，便开始埋头苦苦编撰了，相当长一段时间后，他们完成了一部长达十二卷的巨著，他们将其拿到国王的面前，宣称这是各个时代最为完整的智慧录。但是老国王看过后却很坚定地对他们说：“大家听着，我确信这的确是各个时代的智慧结晶，可是，难道你们不觉得它厚了点儿吗？这么厚的书籍，恐怕我们的后人不得要领呀！就麻烦你们再将其浓缩一下吧！”睿智的臣下们又领命而去，花费了许多时间，将十二卷删繁就简地缩略成一部一卷的书籍。可是老国王看后还是认为太过冗长，这些臣下们就再次对这部智慧录做出了浓缩删减。

就这样，睿智的臣下们就一次又一次地删减浓缩这部智慧录，将其由一本书浓缩成一章，后浓缩为一页，再浓缩成一段，最后就浓缩成了一句话。当聪敏的老国王最终看到这句经典的智慧话时，很满意地点头对大家说：“这才是真正的各个时代的智慧结晶，是真理呀！它真正起到了照亮子孙后代明亮前程的作用，相信我们的子孙一旦得知这个真理，他们的大部分困难问题也就得以解决了。”

亲爱的约翰，你可知道这句睿智的话语是什么吗？它就是：“天下没有免费的午餐。”

一个人活在这个世界上，必须在自身与外界创造足以使生命和死亡有点尊严的东西。

爱你的父亲

◇ 勤奋是唯一出路 ◇

勤奋的工作才是唯一可靠的出路，才能够让人体会到成功的喜悦，也才能让人明白只有辛勤努力工作才能够获得财富的道理。

第 17 封 信

勤奋创造财富

亲爱的约翰：

你的来信已收到，我非常满意你信中有两句话：一句是你如果不是赢家就是在自暴自弃，另一句是勤奋出贵族。这也是我的座右铭，可以毫不谦虚地说，这两句话就是我的人生缩影。

那些居心叵测的报纸在谈到我创造的巨额财富时，常将我比喻成一台颇有天赋的赚钱机器，其实他们对我几乎一无所知，更对历史缺乏洞见。

身为移民，我天性中就有勤奋努力和满怀希望的情感。在我还是个孩童的时候，我的妈妈就将自力更生、勤俭节约、坚持不懈和忠实守信等创业美德根植在了我的脑海里。直到今天，我仍然坚信着这些伟大的信念。所有的这一切，都是我向财富顶峰攀登的阶梯，一步步助我登顶。

我承认，是南北战争赐给了大家前所未有的绝妙商机，是它让我从一个穷小子变成了十足的富人，是它为我提供了战后的抢夺商机竞争中获胜的资本支持，为我挖掘了一个财源滚滚的金源。

需要强调的是，机会对所有人都是均等的，为什么我能抓住机会成功，而更多的人却错失良机，最终只能沦为贫困的境地呢？难道真的像那些诋毁我的人说的那样，是因为我的贪心使然吗？

当然不是，这一切的原因是因为勤奋，机会从来都是留给勤奋的人。从小我就坚信这条成功法则。财富只是目的，它只是勤奋工作的产物。每个目标的达成都来自勤奋的思考和行动，创造财富也不例外。

“勤奋出贵族”这句话是让我永远都怀着敬意的箴言。不管是过去还是现在，不管是在北美还是在遥远的东方，那些享有地位、尊严以及荣耀财富的贵族们，全部都拥有一颗永不停息的心脏，都有着一双坚强而有力的臂膀，同时在他们身上所凸显出的毅力也十分令人钦佩。他们就是凭借着这些成就了他们的丰功伟业，赢得了受人尊崇的名誉。

亲爱的约翰，这个世界在不停变化，没有一个贵族能永远保持自己的地位，穷人也不会一直贫穷下去。就像你知道的那样，我的童年时代，所穿的衣服是破烂的，家境贫寒到时常需要别人接济才能过日子的境地。再看看现在，我是一个庞大财富王国的主人，并且已经将巨额的财富投入到了慈善事业当中。就好像是万事都会变化一样，出身卑贱的穷人，通过自己的努力，执着地去追求梦想，一样有出人头地的那一天。

所有尊贵的地位、耀眼的荣誉以及巨额的财富都必须是依靠自己的勤奋双手获得才能够更加长久。可是，你看看现如今的那些富家子弟们所处的种种不进则退的情况吧！尤为不幸的是，这些富家子弟们多是缺乏进取精神的纨绔子弟，他们好逸恶劳，还过着极尽奢靡的生活，最终只能是败家败业，落得个富贵出生，贫困死去的结局。

因此，你要去教导你的孩子们，想要在这场人生风浪的搏击当中成就自己，享受到成功的喜悦，赢得整个社会的尊重，这一切都只能依靠自己的双手去创造。要让他们知道，荣誉的桂冠，最终只会戴在那些勇敢者的头上。你要告诉他们，勤奋不是为了别人，而是为了自己，他们自己才是勤奋最大的受益人。

我从小就坚信，只有辛勤的耕耘才能够收获丰硕的果实。一个贫穷人家的孩子，除了靠勤奋去获得成功和财富、赢得尊严之外，我没有其他的方法。进入学校读书后，我并不是一个聪明的学生，但是为了不落后，我只能勤奋地去温习功课，并且坚持这样。在我10岁的时候就知道，我要努力干活，砍柴、挤奶、打水、耕种，我什么都会干，什么都能干，而且我从来不吝啬自己的勤奋。我非常感谢上帝让我经历那段艰辛的农村生活，倘若没有那段艰苦而辛劳的岁月，我的意志也就不会被磨炼得那样坚毅，日后在商业场上也就不会有那样顽强的承受挫败的耐力。正是那段岁月历练了我坚韧不拔的性格，也塑造了我坚定的自信心。

我非常清楚，在这之后，每当深陷困境或者是面对成功的时候，我都能够淡定自若，这和我从小就建立的自信心有很大的关系。

勤奋不仅能够造就人的品格，而且能够锻炼人的能力。在休伊特—塔特尔公司工作的时候，我不仅锻炼了我的能力，而且还留下了很好的名声。那个时候，我总是上班积极，经常早出晚归，认真工作。当时，我的老板对我说：“你这么有毅力，迟早会有大成就。”

那个时候，我无法想象未来是什么样，但是我坚信，只要我踏实肯干，用心完成每一件事情，就肯定能成功。

时至今日，我已经是一个 70 岁的老人，但是依然在商海当中拼杀。因为我知道，结束生命最为快捷的方式就是什么都不做。人人都有权利将退休生活当成另一个开始，那种整日无所事事的生活态度会令人中毒。而我，始终都把退休当成再次出发的起点，我一天都没有停止过奋斗，因为我知道，生命的真谛是什么样子。

亲爱的约翰，我能够拥有今天的显赫地位和巨额财富，都是用自己的辛勤劳作所换来的。我原本也就是一个普普通通的平常人，但是我却用自己的勤奋大脑外加勤奋双手创造出了自己的辉煌人生，是我的坚持不懈、孜孜不倦以及顽强的毅力使得我功成名就的。我没有徒得虚名，我的每一分金钱、每一点成功都是用自己的血汗浇铸而成的，那些浅薄无知的忌妒者对我的评价都是不公的，他们不懂得自己创造财富，更不懂得去赞赏别人创造财富的能力。

我们的财富是对我们自己勤奋的嘉奖，这些让我们能够更加坚定信念，认准目标。凭借着对自己的信心，继续去努力吧，我的儿子。

爱你的父亲

第18封信

不给自己找借口

亲爱的约翰：

斯科菲尔德船长摔坏了他那根昂贵的高尔夫球杆，只得重新再买一个。原因很可笑：他输球了。

我其实很欣赏船长的求胜心，无论是打球还是人生的奋斗目标，都应该追求胜利。所以，我打算买个新球杆送给他，希望他不要将我的这个行为误认为是在鼓励他发脾气。否则他一旦火力全开，我可就惨了。

斯科菲尔德船长还有一个令人称道的优点，尽管输球会令他不高兴，但他认为赢本身并不代表一切，而努力去赢的做法才是最重要的。所以在输球之后，他从不找借口。

我非常喜欢他的这种特质，他从不为输球找任何借口。在我看来，借口是一种思想中的疾病，很多失败者都会染上这种恶疾。而成功人士与那些平庸的人之间最大的差别就在于，成功人士几乎从来不找借口。

只要在日常生活中你稍微地留意就能够发现，那些没有任何作为，也不打算有所作为的人，经常会有很多的借口来解释他不能做、做不到的原因。失败者在失败后的第一个举动，往往是为自己的失败找借口。

我鄙视那些总找借口的人，那是懦弱者的表现，我也同情那些总找借口的人，因为借口是制造失败的源泉。

一旦一个失败者找出一种“好”的借口，就会总是拿这个借口对自己辩解：为什么他做不下去，为什么他没有成功。一开始，他多多少少还知道他的借口不过是撒谎，但是多次重复之后，他也会越来越相信这个借口就是他无法成功的真正原因。因此，他们不再想办法去赢，头脑也开始变得僵化、愚钝。但是，他们却很少承认自己是个爱找借口的人。

你会听到很多人说：“我的成功是靠自己的努力换来的。”但我从没有听到有人敢于承认：“我是使自己失败的人。”

失败者都有自己的一套借口，他们将失败归咎于家庭、性格、年龄、环境、时间、肤色、宗教信仰、其他人甚至是毫无根据的星象，不过最差劲的借口莫过于健康、才智和运气了。

在盖茨先生的引荐下，我结识了一位大学教授，这位教授虽然在旅行中丧失了一条手臂，但是依然乐观积极，还乐于助人。某次提到丧失一条手臂的事情时，他只是淡淡地说：“手臂肯定是两个比一个要好得多，但是，对我而言，我丧失的也仅仅是一条手臂。我的心灵是完整的，我要因此而心怀感激。”

有一句老话说得好：“我一直为自己的破鞋子而懊恼，直到遇见一个没有脚的人。”这就是说，与其抱怨身体某处不舒服，不如庆幸自己的健康，并且心怀感激，这样可以预防各种疾病。

我时常会提醒自己：累坏自己总比放着朽坏要好。生命是用来享受的，如果仅仅是为自己的健康担忧而导致时光流逝，徒增烦恼，那才是真正的损失。

“我不够聪明”这样的借口也很常见。大部分人都有这种通病，只是程度有所不同而已。

我感觉很多人对“聪明”抱有两种错误的认识：低估自己的脑力和高估别人的脑力。正是因为如此，很多人认为自己不行，不愿意接受需要动脑子才能应对的挑战和难题。其实，认为自己笨的人，才是真的笨蛋。

在我看来，一个人完全不用管才智的问题，只要敢于尝试，一样可以把事情做得很好。

其实，要成为一个出类拔萃的商人，不需要闪电一般的灵敏，不需要过目不忘的记忆力，更不需要在学校名列前茅；唯一的关键就是要对经商有强烈的兴趣。

往往我们热心有多少，成功就有多少。大多数人其实并不理解热心的真正含义，而热心就是“这非常了不起！”它代表一种热情十足的干劲儿。

我相信，即使是一个才智平平的人，如果抱着积极乐观、善于合作的处世态度，也会比那些才智杰出但悲观消极还不合作的人赚得更多的财富，赢得人们更多的尊敬，成就更大的事业。

只要你满怀热情去做，无论是大事还是小事，无论是艰难的任务还是轻松的任务，那么取得的成就肯定比懒散的人要多得多。因为，专注与执着才是人的能力中最为重要的一部分。

有些人总是在不停地感叹，为什么那么多出色的人，最终的结局是失败呢？我可以让他们不再惋惜。如果一个聪明的人，将自己全部的聪明才智都用在否决成功上面，而不是去引导资金寻找成功的方法，那么失败是个显而易见的结果。消极的思想会禁锢他们才智的发挥，使其最终一事无成。假如他们能够及时调整自己的心态，一定也能够做出一番大事来。

想成大事却不懂得思考的大脑，不过是一桶没什么价值、毫无用处的糨糊而已。

那些把我们的聪明才智引导出来的思考方式，要远比我们才智高低更为重要。一个人成就的高低，关键不在于天生的才智和受教育程度，而在于如何控制自己的思想。那些最好的商人从不做无谓的担忧，而是时刻充满了热情。要改善一个人的天赋那是非常困难的事，但要改善运用天赋的方法却比较容易。

“知识就是力量”被很多人奉为真理，不过我认为这句话并不全面。拿智商不高当借口的人，也是误读了这句话。知识代表一种潜能，只有合理地将其运用到实践上，才能够显示出其威力和创造力。

对于标准石油公司而言，永远不会给呆板的、抱着书本读死书的所谓专家提供任何职位。因为，我的公司真正需要的是那些能够想出各种办法，能够及时解决问题，有梦想且肯努力奋斗的实干家——有着大量知识的人能帮我赚到的钱并不比有创意、有想法的人多。

一个不拿才智当借口的人，自然不会低估自己的才智，也不会过分高估他人的才智，他可以专注运用自己的资产和能力来激发自身的潜能。他很清楚，最重要的是到底如何利用自己的头脑来完成任务，而非他有多少才智。

他知道要运用自身才智去积极创造，去寻找成功的各种方法，而不是去证明自己将会失败。他还知道思考比记忆更有价值，要用自己的头脑去发现新东西，寻找更好的新方法去做事，因而他经常提醒自己：我是在用我的才智创造属于我的历史呢？还是只在记录别人创造的历史呢？

每件事情的发生都有它的原因，人类的遭遇也并不是偶然发生的，所以很多时候，人们会将自己的失败归咎于运气不好，看到别人成功的时候，就认为那是因为他们运气太好了。我从不相信运气，我只知道，精心计划和准备给我带来了所谓的“运气”。

一个公司如果靠着运气来做事，那一定不会长久。如果我根据运气来改组标准石油公司，那么就要采取抽签的方式来任命总裁、副总裁……这是一件非常滑稽的事情。

成功的人善于从失败中总结经验教训，能够坦然面对挫折，然后厚积薄发，再次创造成就。而平庸的人就会因为一两次的失败而彻底丧失斗志。

一个人不可能依靠运气去获取到成功，而是要靠付出的努力。我从来不妄想去靠运气获取成功，所以我不断地发展自我，修炼出让自己成为“赢家”的各种特质。

借口把大部分的人都挡在了成功的大门之外，百分之九十九的人失败，都是因为他们常常给自己找出这样或者那样的借口。所以在追求事业成功的过程当中，最重要的一个步骤，就是防止自己去找借口。

爱你的父亲

第 19 封信

我是自己最大的资本

亲爱的约翰：

就在昨天，我收到一个胸怀发财梦的有志青年人的来信。他来信的目的是想向我讨教一个问题：如何在缺乏资本的情况下创业致富？

看来，他是想让我为他指出方向。我感到非常为难，因为这不是我擅长的事情，但也不好回绝。经过思考后，我告诉他，创业除了需要资本之外，还要有常识。因为，常识比资本更重要。

对于穷人来说，创业最大的困难时资本。如果他们再因为担心失败而迟迟不肯行动，是无法抓住成功的机会的。有鉴于此，我在回信中提醒这位年轻人：

“从贫困走向富有的道路上的所有障碍都是可以克服的，关键是看你怎样行走，你要相信：只有你自己才是你最大的资本，你要时时坚定自己的信念，不停地审思自己迟疑的原因，直至信念完全取代怀疑。你要知道，做任何事情，没有足够的自信心，你是不能取得成功的。信念就是你成功的原动力，它会在你的心里滋生出无穷的力量，那力量足以让你解决一切走向成功道路上的困难。”

渴望成功的人应该清楚地意识到，成功的种子就握在自己的手里。我在回信中向那个年轻人分享了一个阿拉伯人的故事，相信他能从中受到启发。

很久很久以前，在印度河畔不远的地方住着个名叫阿尔·哈费德的波斯富人，他拥有数百顷大的兰花园以及数百亩良田和果园。

他本来对自己的生活很知足，直到有一天，一位老人来到他的身边，坐在火炉边说道："你现在是很富有，而且生活也很舒适，但是假如你拥有很多钻石，那整个国家的土地就都是你的。假如你拥有一座钻石矿，那你甚至可以帮自己的孩子登上王位。"

哈费德被这番话打动了，当晚就彻夜难眠。这样，他就彻底变成了一个精神上的"穷人"，因为他一旦开始不满足，就会觉得自己很穷。他脑子中不断闪过一个念头："我要一座钻石矿。"于是，第二天一大早，他就跑去找那位老人。

一大早就被吵醒，老人很生气。但哈费德一点儿也没有意识到，他迫不及待地问："你能告诉我在哪儿可以找到钻石吗？"

"钻石？你为什么要钻石？"

"我想要很多的金钱。"哈费德说，"但我不知道去哪儿能找到钻石。"

"哦，"老人听罢，告诉他，"你只要在山里面找到一条在白沙上穿流的河，钻石就在沙子里。"

"真的吗？"

“是呀，只要用心去找，就肯定能找到。”

“我一定会用心去找的。”哈费德说。

接下来，他变卖了自己的农场，收回了自己的外债，委托邻居照看自己的房子，就带着钱去找钻石了。

首先，他先到了月光山区，接着又到了巴勒斯坦地区，最后又到了欧洲，当他到达欧洲的时候，他已经变成一个身无分文的穷光蛋了，他就如同一个乞丐一样在欧洲依靠乞讨过活。当衣衫褴褛的哈费德站在西班牙巴塞罗那海边的时候，一道巨浪越过赫丘力士石柱朝他汹涌而来的时候，这个饱受沧桑的可怜虫羞愧万分，终于纵身一跃，随着涨起的浪峰一同沉入海底。

哈费德死后不久，他的财产继承人拉着骆驼去花园喝水，无意中，他发现骆驼把鼻子伸到花园的溪水中时，溪底白沙中闪烁着奇特的光芒，结果伸手一摸，就摸到一块闪着彩虹般光芒的石头。他顺手将这块怪异的石头丢在壁炉的架子上，就出去继续工作了。

过了一段时间，当那个老人来拜访哈费德的继承人时，惊讶地看到放在架子上的发光的石头，大叫：“这就是哈费德带回来的钻石？”

“不，这不是钻石，只是一块在我家后花园发现的奇特的石头。”

“年轻人，你发财了！我认识钻石，这真是钻石！”

于是，继承人带着老人一起跑向花园里的小溪边，当他们用手捧起溪底的白沙的时候，发现了更多钻石原矿。

亲爱的约翰，每当我想起这个故事，就会为阿尔·哈费德感到惋惜。假如他只是在自己的农场里浇浇花、种种田，那么就不会背井离乡，忍饥挨饿，沦为乞丐，最终跳海而亡。因为，这遍地的钻石本来就是属于他的啊！

天下的故事太多了，但是并非每一则故事都像这则故事这样富含寓意，哈费德的经历给了我们一个宝贵的人生教诲：你的钻石矿厂不在遥远的大山和大海之间，只要你用心去挖掘，它就在你家后院的小溪里。人生不是找不到自己的钻石矿，关键是看你是否相信自己。

从某种意义上说，每个人的理解决定了他前进的方向。从这点上来说，我认为不相信自己的人就和窃贼一样。因为不相信自己的人，都不会充分发挥自己的能力，是无意中向自己偷窃的人。而且在这个过程中，由于他创造力低下，也等同于从社会上偷窃。不要小看这罪状，由此带来的损失会和故意偷窃一样严重。

我们想要登上高峰，就必须克服向自己偷窃的行为。

我真心地希望那个胸怀发财梦的年轻人能够品味出这则故事里的深刻教诲意义。

爱你的父亲

第 20 封 信

我没有当穷人的权利

亲爱的约翰：

很多人因为自己的自以为是而导致了悲惨的结局，制造贫穷的人也是一样。

许多年前，我在教堂做礼拜，曾偶遇一个叫汉森的年轻人，一个在节衣缩食中悲惨度日的小花匠。也许汉森先生自以为坚守贫穷是种美德，他摆出一副品格高尚的样子对我说："洛克菲勒先生，我想和你探讨一个问题：《圣经》上不是说：'金钱是万恶之源'吗？请问你能理解这句话吗？"

当听到这个问题时，我彻底明白了，汉森先生为什么一直贫穷的原因了。他并不知道他对《圣经》中的人生哲理的误解是他生活在贫寒的根源。

我不希望让这个可怜的年轻人在他心胸狭窄的沼泽中越陷越深，于是告诉他："年轻人，我从小就不断接受各种基督教格言的熏陶，且以此作为自己的行为准则，我想你也是一样。但我的记忆力似乎要比你好一些，你忘了，在那句话的前边还有一个字——喜爱，‘喜爱金钱是万恶之源’。”

“你说什么？”汉森的嘴巴大张着，好像要吞下一条鲸鱼。真希望他赚钱的胃口能有那么大。

“是的，小伙子，”我拍拍他的肩头，说：“《圣经》是要人类保持尊严与爱，是对宇宙最高心灵的敬重，你可以毫不畏惧地引用里面的话，并将生命托付给它。‘喜爱金钱是万恶之源’。但是千万不要断章取义，因为喜爱金钱只是崇拜的手段，并不是目的。

如果你没有手段，就无法达成目标，也就是说，他只知道当个守财奴，那么金钱就是万恶之源。”

“想想看，小伙子，”我提醒汉森，“如果你有了钱，你就可以惠及你的家人、朋友，给他们快乐、幸福的生活，更可惠及社会，拯救那些孤苦无助的穷人，那么金钱就成了幸福之源。”

“小伙子，手里每多一分钱，就增加了一分决定未来命运的力量，去赚钱吧，”我劝导他，“你不该让那些偏执的观念锁住你有力的双手，你应该花时间让自己富裕起来，因为有了钱就有了力量。而纽约充满了致富的机会，你应该致富，而且能够致富。记住，小伙子，你虽是尘世间的匆匆过客，却也要划出一道人生的光亮。”

我不知道汉森能否接受我的规劝，如果不能，我会为他感到遗憾的，他看上去很结实，脑袋也不笨。

我一直以为，每个人都应该竭尽全力让自己更加富有。当然，有些东西确实比金钱更有价值。当我们看到一座落满秋叶的坟墓时，就不免感到一种难以言喻的悲伤，因为我知道有些东西的确比金钱崇高。尤其是那些受过苦难的人更能深深地体会到，有些东西比黄金更甜蜜、更尊贵、更神圣。然而，有常识的人都知道，那些东西没有一样不是用金钱来大幅提升的。金钱不一定万能，但在我们这个世界，很多事情是离不开金钱的！

爱情是上天给予我们的最伟大之物，但是，拥有很多金钱的情人能使爱情更加幸福，金钱就具有这样的力量！

如果一个人说“金钱是罪恶的，我不要”，那就等于是在说：“我不想为家人、友人和同胞服务。”这种说法固然荒谬，但要断绝这两者关系同样荒谬！

我从来都不敢忽视金钱的力量，也一直坚持着一个观点，那就是每个人都应该凭借自己能力去赚钱。然而，宗教对这种想法有强烈的偏见，因为有些人认为，作为上帝贫穷的子民是无上的荣耀。我曾听过一个人在祈祷会上祷告说，他十分感谢自己是上帝的贫穷子民，我闻听不禁心里暗想：这个人的太太要是听到她先生这么胡言乱讲，不知会有何感想？

她肯定会认为自己嫁错了人。

我很不情愿再看到身边有这样贫穷苦难民众，我想上帝也不愿意看到自己的子民贫穷！我可以说，如果某个原本应该很富有的人，却因为贫穷而懦弱无能，那他必然犯下了极端严重的错误；他不仅对自己不忠实、忠诚，也亏待了他的家人！

我们虽然不能用赚的金钱的多少作为衡量一个人成功与否的标准，但是，你可以利用金钱的多寡来衡量一个人对社会所做的贡献。你的收入越多，你的贡献也越多。一想到我已经使无数国民永远走向了富裕之路，便自感拥有了伟大人生。

要获得金钱，大量的金钱，无可厚非，只要我们以正当的方法得来，而不是让金钱牵着我们的鼻子走。

有些人之所以贫穷，之所以讨厌金钱，是因为他们不了解钱。他们认为钱既冷又硬，其实钱并非他们所想象的那样，它柔软而温暖，它会使我们感觉良好，而且在色泽上也能跟我们所穿的衣服相配。

我之所以有现在的想法，都是过去的信念创造出来的。坦率地说，自我感觉到人世间因贫穷而疾苦的时候，我就萌发了一个信念：我应该是富翁，我没有权利当穷人。随着时间的推移，这个信念变得有如钢铁般坚硬。

我成长的那个年代，正是拜金主义风靡的时期，当时数以万计的淘金者怀揣着发财梦从各个方向拼命涌进了加利福尼亚，尽管事后发现那场淘金热只是个圈套而已，它却大大激起了数百万人的发财欲望，这其中就包括我——一个只有十多岁的孩子。

那时我的家境窘迫，时常还要通过别人的接济才能维持日常生活。我的母亲是一个非常自尊的人，她希望我能肩负起做长子的职责，建设好这个家庭。母亲的渴望与教诲，养成了我一种终身不变的责任感，我立下誓言：我不能沦为穷人，我要赚钱，我要用财富改变家人的命运！

在少年时期，我就有自己发财梦，但那时，金钱对我而言，不只是让家人过上富足无忧生活的工具，而是通过给予——明智地花出去，金钱更能换来道德上的尊严的社会地位，这些东西远比豪华、气派的住宅和美丽、漂亮的服饰更令我激动不已！

我对金钱的理解，坚定了我要赚钱、我要成为富人的信念，而这个信念又给予了我无比的斗志去追逐财富。

亲爱的约翰，为了赚钱而赚钱的人是可悲的，也是可怜的，我懂得赚钱之道：要让金钱为我所用，而不能让自己成为金钱的奴隶，被金钱牵着鼻子走。我就是这样做的。

爱你的父亲

第 21 封信

没有野心的人成不了大事

亲爱的约翰：

“没有野心的人是不会成就大事的”，这句话是被誉为汽车大王的亨利·福特先生昨天告诉我的成功秘诀。

亨利·福特先生是我的朋友，具有超强的意志力，我非常钦佩他。我和他有着类似的经历：在农场做过工，当过学徒，与人合伙办过工厂，最终凭借自己的努力成为全美国最有钱的人之一。

在我眼里，福特先生就是新时代的开创者。在美国，没有谁能比得上他，正是他完全改变了美国人的生活方式，你看看大街上川流不息的汽车，就知道我说的不是恭维之词。

人活着假如没有高远的目标和蓬勃的野心，那么就像是一艘没有舵的船，永远漂泊，顺流而下，最后只能在失败和沮丧的海滩搁浅。

福特先生的野心远远超过了他的身高，他想缔造一个人人都买得起汽车的世界。最终他成功了，自己也成了全世界小汽车市场的主宰者。

他曾经兴奋地对我说：“那不是在制造汽车，那是在印刷钞票。”福特创造的成就也正说明了我的一个观念：财富与目标成正比。

如果你胸怀大志、目标远大，你的财富之山就将高耸入云；如果你想得过且过，那么你就会碌碌无为，抱憾一生。当时，并不止福特一家汽车公司，他也不是实力最强的，但最后成功的桂冠戴在了福特的头上。

我深刻地认识到，人被创造出来是带有目的性的，要么在计划成功，要么在计划失败。

在我年幼的时候，野心就非常大，梦想着有一天成为这世界上最有钱的人。这对一个贫寒人家的孩子来说，是多么不可思议。

但我认为目标必须要伟大才行，因为只有足够的刺激，一个人才能有所成就，如果失去刺激就等于丧失了推动你前进的强大动力，而伟大的目标正是促使你发挥出全部力量的最好刺激。不要为制订小计划而沾沾自喜，因为它不能激发你的心灵，我经常这样提醒自己。

当然，造就伟大的机会并不多，它可不像湍急的尼亚加拉大瀑布那样倾泻而下，而是一次一滴。伟大与接近伟大之间的差异就是领悟到，如果你期望伟大，你必须每天朝着目标努力。

可是，一个穷人家的孩子如何才能使梦想变为现实呢？靠给别人打工就可以实现吗？这个主意糟糕透了。

我相信，为自己的事业勤奋努力，就会发财致富；但我绝对不相信，靠给别人打工，可以成为天下最富有的人。

我住进百万富翁大街前就发现，我身边的很多穷人都是工作最努力的人。现实就是如此残酷，不管雇员努力与否，替老板工作而变得富有的人少之又少。替老板工作所得的薪金，只能在合理预期的情况下让雇员活下去，尽管雇员可能会赚到不少钱，但变得富有却很难。

“努力工作定会致富”这句话在我看来就是一句谎言，我很难相信辛勤为他人工作就可以得到非常多的财富。不过，我坚信：只有为自己工作，才会变得富有。因此，我所做的一切都是围绕着我的伟大梦想展开的。

从我毕业之后找工作的时候开始，我就告诉自己：一定要去最好的公司，并且成为最好的员工。因为只有最好的公司，才会让我有最好的见识，给我最好的锻炼，也才能最好地塑造我的能力，此外还可以让我赢得未来开创自己事业的第一桶金。而这一切都是我开创自己事业的坚实基础。

当然，在大公司做事，能让我以大公司的方式思考问题，这点十分重要。所以，我仰慕大公司，我要去的是高知名度企业。

这条路并不好走，在应聘的过程中，我先后被一家银行和一家铁路公司拒之门外。

为了找到一份合适的工作，我在酷热的天气下奔走。那段日子，每天早上八点钟，我在精心修饰一番之后，便离开自己的住处，去参加各种各样的面试。将近一个月的时间里，我几乎跑遍了所有公司，但都失败了。

情况看起来好像很糟糕。但是，阻挡你继续前进的唯一阻力，便是你自己，除此之外，再无其他。因此，我不断提醒自己：假如你想实现自己的伟大梦想，就一定不能被挫折和失败所击垮。

我没有被接连的挫折击垮，而是很快爬起来，更加义无反顾地找工作。我又把之前找过的公司挨个找了一次，有的公司甚至来回找了两三次。

上天最终还是眷顾我的。1855 年 9 月 26 日，持续了 6 周的求职之路总算画下了句号。我被休伊特－塔特尔公司录用了。

这一天对我的未来有决定性作用。直到现在，每当我反问自己，假如当时没有这份工作的话，怎么办？我都不由得会后怕。因为我知道那份工作对我来说意味着什么。因此，在这之后，我都把 9 月 26 日定为我的“重生日”，以此来缅怀和激励我。

亲爱的约翰，写到这里时，我都被感动了。

人生就像是在骑一辆自行车，除非你向上、向前朝着目标移动，否则你就会摇晃摔倒。3 年后，我带着超越常人的能力与自信，离开了休伊特－塔特尔公司，与克拉克先生合伙创办了克拉克－洛克菲勒公司，正式开始了自己的事业。

愚蠢的努力工作很可能在百般辛苦之后仍一无所获，但是，如果将替老板努力工作视为铸就有朝一日为自己效劳的阶梯，那无疑就是创造财富的开端。

给自己当老板的感觉真是超级棒。当然，我不会总沉浸在 18 岁便在贸易代理中有一席之地的得意之中，反而时时提醒自己：“你的每一天都决定了你以后的前程，你想要成为全球最富有的人，但现在你还有太大的差距，必须努力奋斗才行。”

我总是拿做最富有的人这个梦想来不断鞭策和激励自己。在过去的几十年中，我一直力争做到最好，在我看来，如果没有得到第一名，就相当于是最后一名。我正是凭借自己力争做到最好的这股韧劲和勇气，才最终成了名副其实的全美石油工业大王。

每一个人都生活在希望之中，但我更多的是生活在目标的达成之中。我的人生目标就是要成为第一，这也是我努力设定并遵守的人生规划，我所付出的所有一切，都忠于我的人生目标。

上帝给了我们聪明的大脑和坚强的肌肉，就是让我们不断奋斗，成为人生大赢家的。

伟大的人生就是征服卓越的过程，我们必须向这个目标前进，不畏艰难困苦，态度坚决，准备在漫长、拼搏的道路上跌倒后再爬起来。

爱你的父亲

第 22 封信

风险越高，收益越大

亲爱的约翰：

也许不用等到明天，报上所说的大卫·莫里斯先生就要成为富人了。他刚刚在赌场上赢了一大笔钱，他的人生格言是：只有好奇才能发现机会，要去冒险才能利用机会。

我对这位先生的看法和我之前厌恶的那些赌徒不一样，在我看来，以这位先生接近哲学家般的头脑和智慧，如果他肯投身商界的话，或许他也能成为一个职业上的成功者，一个特别优秀的赌徒。

我并不是在说优秀的赌徒都能成为优秀的商人，其实，我非常讨厌那些把商场当作赌场的人，但是我从来不拒绝人有冒险精神，因为我知道一个法则：风险越高，收益越大。对于商界人士来说，他们的生活就是一场冒险的旅程。

我同样经过了无数次冒险之旅，如果一定要让我说出哪场冒险是最能决定我的未来，那就莫过于我投身于石油行业了。

在投资石油工业前，我在农产品代销这行正做得有声有色，继续下去我完全可能成为大中间商。但这一切让那位安德鲁斯先生改变了，他是照明方面的专家，他告诉我："煤油燃烧时发出的亮光比任何照明油都亮，它将取代其他的照明油。想想吧，那将是多么庞大的市场，如果我们的双脚能踩进去，那将是怎样的一个情景啊！"

我拥有的东西越多，力量就越大。如果机会来临却任其丧失，那失去的就不仅仅是金钱，而是削弱你在致富竞技场上的力量。我告诉安德鲁斯："我干！"我们投资4000美元，做起了炼油生意。对我们来说那可是一笔大钱，钱投下去，我就不考虑失败，那个时候石油在造就许多百万富翁的同时，也使更多人一贫如洗。

在炼油行业中，我苦心经营了一年，炼油给我们带来了远超农产品的利润，成了公司第一大的生意。这时，我深刻地认识到，是胆量和冒险精神帮我开通了一条新的生财渠道。

像石油这样能让人一夜暴富的行业可以说几乎没有，我赚钱的欲望被行业前景激活了，我提醒自己说："你一定要紧紧地抓牢这个机会，它能帮助你实现梦想。"

随后，我大肆扩张的战略让我的合伙人克拉克先生非常气愤。克拉克先生是一个自负、软弱，同时缺乏胆略的人，他非常畏惧失败，非要采取保守的战略。这和我的观念完全冲突。在我看来，应该把金钱散播出去，才能够做成很多很多的事情，但是如果你将它收藏起来，就会变得一文不值。显然，克拉克先生不是一个好的商人，他不知道金钱的真正价值在哪。

当我们对于重要的事情漠然相对的时候，我们的人生就已滑向无路可走的境地，在克拉克先生已经成了我前进道路上障碍的时候，我只能踢开他。这是一个非常重要的决定。

想获胜必须了解冒险的价值，而且必须有自己创造运气的远见。对我而言，与克拉克先生分道扬镳无疑是一次冒险，在我决定赌上一切大举进军石油行业之前，我确信石油并不会消失，因为在那个时候，很多人都将石油当作昙花一现的产物，觉得难以持久。我当然希望石油永远不会枯竭，如果没有了油源，我的投资将变得一文不值，我的下场可能连赌场上的赌徒都不如。但我收到的信息让我乐观，油源不会枯竭。是该说分开的时刻了。

我并没有急于向克拉克先生摊牌，而是先找到安德鲁斯先生，对他说："我们的运气来了，有很大一笔钱在等着我们去赚。我决定终止和克拉克先生的合作，如果我能够买下他的股份，你愿意和我一起冒险吗？"后来的事实证明我没有找错人，安德鲁斯先生非常支持我的决定。几天之后，我又找到了几家肯支持我的银行。

当年 2 月，一切准备妥当之后，我正式和克拉克提出了分开发展的建议，尽管他十分不乐意，但是我已经决定了。最后，我们商量将公司拍卖给了一位出价最高的买主。

那天拍卖的场景令我记忆犹新。我像一个赌徒一样激动，那就像是一场豪赌，我押上去的是金钱，而我赌出来的，却是成功的人生。

公司从 500 美元起拍，但很快就攀升到几千美元，而后又慢慢爬到 5 万美元，这个价格已经大大超出我对炼油厂的预估值。但竞拍价格一直飞涨，开始突破 6 万美元，又一步一步飙升到 7 万美元。这时我变得恐惧，我担心自己是否能买下这个由我亲手缔造的企业，是否出得起那么高的价。但我很快镇静下来，我闪电般地告诫自己："不要退缩，既然下定决心，就要勇往直前！"竞争对手报价7.2万美元，我毫不迟疑，报价7.25万美元。这时，克拉克先生站起来，大喊："我不加了，约翰，它归你了！"

亲爱的约翰，那是决定我一生的时刻，我感受到了这非同寻常的意义。

当然，我为此给克拉克先生付出了高额的费用，但是我却赢得了更加光辉的未来。我成了自己的主人，我不会再担心那些目光短浅的人阻挡我前进的道路了。

在我21岁的时候，我拥有了克利夫兰最大的炼油厂，已经跻身世界最大炼油商之列，在今天看来，这个当时能够每天吃掉500桶原油的家伙，无异于我日后走向石油行业王座的一把利刃。我要感谢那场竞拍，它是美好人生的转折点。

事实证明，安全并不能让我们致富，想要赚取大量的钱，就一定要学会承受随之而来的风险，而人生又何尝不是如此？

我并没有维持现状，事情很简单，不进则退。我相信，谨慎并不是什么完美的成功之路，不管我们要做什么，甚至是我们的人生，都必须要时常在冒险和谨慎之间做出选择，而有些时候，靠冒险获胜的机会，显然比谨慎要大得多。

商人们都是利益的追逐者，需要靠创造资源来获取别人手中的资源，甚至是逼迫他人让出自己的资源而使他们自己变得富有。所以，冒险，是商人在战场上不可或缺的手段。

如果你想知道既冒险又不招致失败的秘诀，你只需要记住一句话——大胆筹划，谨慎实施。

爱你的父亲

第 23 封 信

侮辱是一种动力

亲爱的约翰：

你知道吗，我和你的母亲正为你同摩根先生谈判时的出色表现感到兴奋！你的勇气可嘉，在那样盛气凌人的摩根先生面前，你能够应对得恰到好处并且成功地控制住你的对手，这真是难得呀！

从你的来信中得知，摩根先生对你非常粗鲁，你觉得他是在有意侮辱你，这是正确的。的确，他是想将报复我的怨气都出在你的身上，因而才会让你代我受辱。

你应该知道，摩根先生此次提出要同我们结盟是因为担心我们威胁到他的计划。我深知他的伎俩，其实他内心根本不乐意同我们合作，我们彼此之间都不喜欢对方，我看到他飞扬跋扈、傲慢无礼的样子就觉得厌恶，我相信他见到我也一定有讨厌我的感觉。

但是，摩根先生确实是商业界的一位奇才，他知道我根本不把华尔街放在眼里，他也明白我不会畏惧他给我带来的小小威胁，因而要想实现他一统美国钢铁业的野心，他就必须得同我合作，否则他即将要面临的就是一场毫无胜算的战斗。

摩根先生是一个目光远大的善思善行的人物。因而，尽管他很不乐意同我打交道，可他还得问我，能否同他在标准石油公司总裁办公室里见个面。

我深懂“谈判中坚持到最后一刻的人一定是捞到好处最多的人”的道理，于是我告诉摩根先生：“我已经不在总裁办公室工作了，正退休在家里休养呢！倘若你愿意，我倒很欢迎你到我家里来造访。”他屈尊来了，可是他根本不会想到，当他同我洽谈到具体的合作问题的时候，我竟会对他说：“哦，摩根先生，真是抱歉，我已经退休了，公司里的一切事情都交由我的儿子打理了，我想他可能会很有兴趣同你谈论这个问题。”我相信我的这番话是他做梦也不会想到会听到的。

这样的做法除了傻子谁都能看得出来，我是在公然蔑视摩根先生，不过我倒很佩服他能够克制住自己想要爆发的情绪，他压抑着自己说出希望你能够到他华尔街的办公室洽谈这笔生意，我没有拒绝他的要求。

也许摩根先生不懂得“报复他人就是在攻击自己”的道理，所以他为了撒撒心头的怨气，竟被你毫不费力地掌控住了。不过，不管摩根先生是如何对我的公然凌辱怀恨在心，他都始终将目光放在了事情的最终目标上，这使得我颇为赞赏。

我们生活的社会是一个追求尊严的社会，我们都很清楚对于一个爱面子的人来说，承受来自他人的侮辱是什么滋味。因为我们都曾经承受过。许多时候，无论你是谁，就算是美利坚合众国的总统也不得不忍受一些来自他人的侮辱。

对于那些侮辱，我们要怎么办呢？捍卫自己的尊严，在盛怒中予以还击？还是宽容待之？或者是用其他什么方式解决？

亲爱的约翰，你应该还记得我一直所珍藏的那张我中学同学的课堂合影吧！照片里没有我，因为那是富家子弟的特权。多少年过去了，我还珍藏着它，而我的脑海里也一直珍藏着拍摄那张合影时的情景。

那是一个天气晴朗的下午，老师兴奋地对我们说，那天会有一位摄影师来学校拍摄学生们的课堂情景。我在那之前也照过为数不多的几次照片，但是，对于一个穷苦孩子来说，那是一种少之又少的奢侈机会。因而当摄影师一出现在教室门口，我的内心就禁不住地狂跳，脑海里不停地涌现着自己被摄入镜头里的景象。我告诉自己要多点微笑，要自然，留下自己最帅的样子，甚至还想到了拿到照片后跑回家里像报告喜讯一样告诉妈妈自己照相了的情形，我还清晰地听到了自己内心里的狂喊："妈妈，妈妈，我今天照相了，还是专业摄影师拍的呢，酷极了！"

我用一双满怀期待的眼睛注视着摄影师的一举一动，身体也不自觉地有点僵直，脸上始终挂着不怎么自然的笑容，满心期待着摄影师赶紧将我摄入相机里。但是，那位摄影者是位唯美主义者，他对着相机聚光了多次，终于直起身来，用手指指向我，对我们的老师说："老师，那个学生的穿戴实在是太寒碜了，你能让他离开座位吗？"我脸上那本就僵直的笑容定格在了那里，我失望极了，更感到羞耻极了。但是我仅仅是个单薄无力又只能听命于老师的小孩子而已，除了本本分分地离开自己的座位，我别无他法。于是我默默地起身红着脸离开了自己的座位，为那些穿着华丽的富家子弟们留出完美的背景。

那一刻我明白自己正在承受着来自摄影师的侮辱、蔑视，但是我没有发怒，更没有怜悯自己，埋怨父母，因为我很清楚，自艾自怜是无能者的表现，埋怨父母更是没有理由，他们能够让我接受良好的教育已经是尽他们所能了。所以我就静静地看着摄影师不断调换的拍摄场景。但是，当时我却私下里紧攥着双拳，在自己的内心里发誓：总有一天，我会成为世界首富的！到时候让摄影师即使是最著名的摄影师给我拍摄照片又算得了什么！让世界最负盛名的画家给自己画像才值得骄傲呢！

如今，我的誓言已经实现了。在我眼里，侮辱已经不是那么面目可憎了，它不再是刺伤我颜面的利刃，而是一股激起我奋勇前进的巨大动力。我想即使我说是那个摄影师将一个衣衫破旧的穷小孩激励成了世界首富也不为夸大之词。

谁都有权利享受掌声和喝彩，也许那掌声来源于肯定我们所取得的成就或者是赞扬我们的美好人格、品德；但是，我们也不可否认，谁都会遭受侮辱和蔑视，我想在遭遇这种不可避免的蔑视、侮辱的时候，除了忍受恶意刺痛，我们还应该思考更深一层的东西——我们之所以会受到别人的蔑视，可能是我们自己的能力还没有达到让他们敬重的程度，可能是我们的为人，也可能是我们的处事做得不够好。所以，我们就要努力做到让蔑视你的人尊重你，而不是对他们的蔑视、侮辱行为耿耿于怀。

亲爱的约翰，我想告诉你的是，蒙辱并不是一件十足的坏事，倘若你能够冷静地反思侮辱背后的含义，也许你就会明白，侮辱正是那柄衡量你能力的标尺。

我明白任何极为渺小的侮辱都可能会触及一个人的尊严。但是，孩子，你要明白，尊严不是别人给予你的，更不是天赐的，要想有尊严，那你就必须得自己缔造。尊严只是你自己享用的精神物品，我们的尊严是属于我们自己的，当你觉得自己很有尊严的时候，你就很有尊严。因此，倘若有人伤及你的尊严，你千万不要为之动怒。只要你不死守着你的尊严信条，就没有人能够轻易地伤害到你。

人们自身的关系是所有关系的基础，只有当你相信自己，同自己达成和谐一致的关系，你才能够成为你自己最忠实的伴侣。也只有如此，你方可有宠辱不惊、临危不惧的出色表现。

爱你的父亲

◇ 把侮辱变成动力 ◇

蒙辱并不是一件十足的坏事， 倘若你能够冷静地反思侮辱背后的含义，也许你就会明白，侮辱正是那柄衡量你是否有能力的标尺。

第 24 封 信

用实力让对手恐惧

亲爱的约翰：

就在今天晚上，我见到了调解人亨利·弗里克先生。我对他说："正像我的儿子告诉摩根先生的那样，我并不急于卖掉联合矿业公司。虽然我从来不阻止建立任何有价值的企业。但我坚决反对买主高高在上，并将我们看作局外人，这让我无法忍受，我宁可血战到底也不会做这样的生意。"我请弗里克先生将我的这番话转告给摩根先生。

亲爱的约翰，尽管你讨厌摩根先生，但看来还得跟这个家伙打交道。我可以给你一些建议，让那个自以为是的家伙知道，肆意而为会有什么恶果。

很多人都会犯同样一个错误，那就是不清楚自己到底要干什么。其实无论你从事什么行业——比如石油、地产、钢铁，还是做总裁、员工，其实都是在从事和人打交道这一行业。谈判更是如此——与你开战的不是那桩生意，而是人！

了解你的对手——这是在竞争中获胜的法宝。知己知彼，方能百战不殆。假如你已经有了明显的优势，那么你还必须知道以下几点：

第一，整体环境。这包括市场状况如何，是否景气。

第二，你拥有的资源。这包括你有哪些优势（优点）和弱势（弱点），你的资本。

第三，对手的资源。这包括对手的资产状况，对手的优势、劣势。在所有的竞争中，了解对手的优势是制定大战略的重要因素之一。

第四，你的目标和态度。太阳神阿波罗的座右铭只有这样短短的一句话："人贵有自知。"你要明白自己在做什么、有什么样的目标和多大的决心去实现这些目标。你还要明白你感觉自己像个赢家还是对自己充满了怀疑，了解自己在精神与态度上有什么优点和缺点。

第五，是对手的目标、态度。对对手的目标要做出正确判断，还要设法了解对手内心深处的想法。

不可否认的是，全面了解对手的情况和目标不是一件容易的事，但是你也要努力去做。那些伟大的军事家多数都会想方设法去了解对方将领的性格、爱好、习惯等，以此来预测对手可能设定的目标和做出的反应。

如果对对手有了深入的了解，那么不管在何种竞争中，都可以对其行动和目标有大致的预测，这有助于你掌握竞争主动权。

相比被动应付，主动应变、防患于未然肯定要好得多。俗话说，"预防胜于治疗"就是这个意思。

有些时候，你的竞争对手可能是你很熟悉的人，那你就要好好利用这个优势。如果他是一个谨小慎微的人，那么你最好也多留点心；如果他比较莽撞冲动，那么你也要适当地放大步子，否则很有可能败得很惨。

不过，了解对手的性格和行为特点并非一定要熟悉他。在谈判的时候，你可以通过对方的一言一行发现很多有价值的信息。善于观察是谈判获胜的必备素质，你甚至不必等到谈判时才开始了解对手。

人只要开口说话，就会多多少少袒露他们的心迹。有些人试图掩藏自己的内心，但是只要开口，总会泄露一些线索。一个人只要做出选择，就是袒露自己心迹的开始。谈判的时候，你必须时刻保持清醒，只有掌控自己所说的话，才能够掌控局势，为自己带来优势。

同样，你要随时保持谨慎之心，才能够在听闻对方的任何风吹草动之后，第一时间做出有利于自己的选择和决定。假如做不到这一点，那么你很有可能错失良机。

你要知道，如果在一场竞争激烈的谈判中失败，就意味着你在下次谈判中获胜的机会也会随之降低。

做交易的秘诀在于：你要知道什么可以交易，而什么不能交易。摩根先生把我们看作墙角里的一堆垃圾，准备将我们扫地出门，我们必须牢牢地站在地板上，这一点是不能妥协的；同时，他还必须给出一个合适的价格。不过你也要注意，在做生意时绝对不能想着把钱都装进自己口袋，要分给别人一点。

我们愿意和他们做这笔生意的前提是，假如这笔生意谈成的话，我们会从中受益更多。这个原则必须坚持。但是，你也不必受到这个原则的束缚而放不开手脚。

有太多自以为是的“聪明人”认为他们交易的目的，就是要白占便宜，希望用最低的价格买到最好东西。这一次，摩根先生的报价就比我们的实际价格低了很多。假如他只是想做生意，那么，他就会因此而错失成为美国钢铁行业统治者的机会。交易的真正目的是交换价值——你想要的和他想要的来做个交换。

想要做一笔好生意，就必须充分认识到你持有商品的价值，并且强调它的价值。但是，有太多的人仅仅强调的是商品的价格而非其真正的价值，因此会说：“这真的是最便宜了，再没有这么低廉的了。”

亲爱的约翰，在和摩根先生谈判的时候，你要注意不能先提价格，而是要提它的价值，然后充分强调对方能够从你这里获得的好处。

我相信，只要付出努力，每个人可以改变世界，达到更新、更高的境界。祝你好运！

爱你的父亲

第 25 封信

在合作中共赢

亲爱的约翰：

你和摩根先生的手终于握到了一起，这是美国经济史上最伟大的一次握手，我相信后人一定会永远记住这一历史性的时刻，就像《华尔街日报》说的那样，它标志着“一艘由华尔街大亨和石油大亨共同打造的超级战舰已经出航，它将势不可当，永不沉没”。

亲爱的约翰，你知道吗？这就是我经常说的合作的力量。

在那些狂妄自大的人眼里，合作是一件非常软弱的事情，我不以为然，合作其实是非常睿智的选择。当然，前提是要对我有利。现在，我很想让你知道这样的事实。

如果说不是上帝造就了我现在的成就，那么我很愿意将我的成功归功于三个因素：第一，遵守规则，它能够让企业持续地经营下去；第二，市场残酷的竞争，它能帮助我成长；第三，合作，它能够让我在合作当中取得利益。

我之所以能跑在竞争者的前列，是因为我擅长走捷径——与人合作。合作在我人生的每个重要的转折点中都发挥了重要的作用。我从踏上社会的第一天起就知道，不管在任何时候，任何地方，都存在着竞争的关系，谁都不能孤军奋战，除非他想自寻死路，聪明的人能够和别人甚至是自己的竞争对手形成合作关系，借用别人的力量让自己存在下去或强大起来。

当然，我可以作出一个很可能会成为现实的假设，如果我们不与摩根先生牵手，我们双方就很可能会拼得两败俱伤，最后获利的将是我们的对手卡内基先生。但是现在不同了，卡内基先生一定非常后悔，试想，谁能够在对手蚕食自己领地的时候还能无动于衷呢？除非他当自己是个死人。

合作能够让对手出局或者压制对方，以此达到让自己向目标阔步迈进的目的，从另一个角度来说，合作并不见得是追求胜利。但是这个世上有太多的人不了解这其中的奥秘。

需要提醒你的是，合作并不是什么友谊，合作的目的不是要获取感情，而是利益。我们要知道的是，成功要依靠别人的支持与合作，我们的理想和现实之间有着一道巨大的鸿沟，如果你想要跨越这道鸿沟的话，就要依靠别人的合作和支持。

当然，我永远不会拒绝与生意伙伴建立友谊，我相信建立在生意上的友谊远胜过建立在友谊上的生意。最好的例证就是我和亨利·弗拉格勒先生的合作。亨利是我永远的知己，最好的助手；我与他的结盟，所得到的不仅仅是投资，更多的则是智慧和心灵上的支持。亨利先生和我是一样的人，他从来都不会自满，并且一直雄心勃勃，同样想要成为石油行业的主人，这是他的梦想。直到现在，我还记得我们开始合作时的情景，那时候除去吃饭和睡觉，我们几乎形影不离，我们同时上下班，一同思考，一同制订计划，相互激励、彼此坚定决心。那段日子就如同欢度蜜月一样，永远是让我感到愉快的记忆。

已经过去几十年了，我们还是像亲兄弟那样，这份感情不是金钱能买来的。当然，这也是我让你叫他亨利叔叔，而不是叫他亨利先生的原因。

友谊不能用金钱衡量，也是金钱买不来的。友谊是靠真情来支持的，我和亨利从来都不后悔当时的合作，以及我们之间永远的友谊，不仅仅是因为我们有相同的追求，更重要的是，我们都是非常自律的人。我们都知道，你怎么对待别人，别人就会怎么对待你，以及现在就开始做的价值。

“己所不欲，勿施于人”，既是我的行为准则，同时也是我对合作所持有的态度。所以我从来都不会因为我财雄势大而欺压我的对手。不然我很有可能会毁掉这个合作，从而无法达到目标。

当然，如果遇到那些傲慢无礼的人，我也总忘不了羞辱他们一番。例如，我就曾把纽约中央铁路公司的老板范德比尔特先生，好好教训了一番。

出身贵族的范德比尔特还拥有将军的头衔，在南北战争中立过功。但是他将自己在战场上的荣誉当作了自己不可一世的资本，并且自恃自己把握着运输的大权，根本不把我放在眼里。

有一次，亨利找到他商讨运输的事情，谁也没有料到这个傲慢无礼的家伙竟然说：“年轻人，你要和我谈？你的军衔似乎低了些！”亨利从来没有遭受过这种侮辱，完全凭着自身的教养才没有当场失控，不过当他回到自己的办公室的时候，可怜的笔筒成了他出气的对象——被摔得粉身碎骨。

我赶快安慰他说：“亨利，忘了那个小子说了什么吧，我一定为你讨回尊严。”后来范德比尔特先生着急要和我谈一笔生意，请我到他那里去谈，我派人去和他说：“想要和我谈可以，但是你一定要到我的办公室来谈。”最后这个习惯了别人看自己脸色的将军，只好屈尊来我的办公室见这个比他小了四十多岁的年轻人，同时还要屈从于两个人提出的苛刻的条件。我想在那一刻，范德比尔特先生一定知道了这个道理：走上坡路的时候要对别人好一点，因为当你走下坡路的时候还会再碰到他们。

我之所以能够建立一个高效团队，我认为关键因素之一就是对人才的尊重。

不过，希望你不要因此产生错误的判断，觉得能合作就是好人。不是这样的，合作并不是做好人的问题，而是利益的问题。没有什么同盟能够一直持久，合作只是一种我们获取利益的手段。一旦环境发生变化，那么战术将会随之改变，不然的话你就输了。现实是非常残酷的，而想要成功，你就要更加残酷，但是，前提是做一个好人。

亲爱的约翰，生命的本质就在于斗争和竞争，它们是如此激动人心。但是，当事情发展为冲突时，往往会带来毁灭性和破坏性的后果，适时的合作则可以化解这种危机。

爱你的父亲

第26封信

每一分钱都要花得物有所值

亲爱的约翰：

我非常难过，因为查尔斯先生永远离开了我们。乐善好施的查尔斯先生不断地用自己辛勤赚到的钱，去帮助那些正处于困境中的人。我相信，仁爱无私的他一定会得到上帝的厚爱。

能够与查尔斯先生合作共事，是我一生最大的荣幸。虽然由于查尔斯先生的谨慎，导致了我和他有不少的矛盾，但是这丝毫不影响我对他的尊敬。你应该知道，失去了对高尚人格的尊重，就是剥夺了自己做人的尊严。

当初，标准石油公司的最高管理人员每天都有一个共进午餐的习惯。虽然我才是公司名义上的第一领导者，但是我总是将象征公司核心的位置留给他，代表我对他正直人品的一种尊重。虽然这仅仅是一个很小的细节，但是这个细节带动了整个公司的风气，最终影响公司的成绩。

标准石油公司的合伙人，其实都是一群正直的人，我们都知道彼此要尊重、要信任、要团结，这些对于合作来说非常重要，我们努力地将梦想变成现实。这样一来，公司里即使是出现一些分歧，我们也都会直言不讳地说出自己的观点，我们就事论事，从不钩心斗角、挑拨是非。我们坚信，在这样纯洁的工作氛围下，即使是居心叵测的人，也会将他那算计他人的想法扼杀在摇篮里。

标准石油公司之所以让对手敬畏，这一点应该是原因之一。在精诚合作方面，这一点查尔斯先生身体力行，可以说是我们的表率。

我作为标准石油公司的领导者，在一次董事会上曾真诚地建议："伙伴们，我们难道不是一家人吗？我们同荣共辱、同甘共苦，我们一同用自己强有力的臂膀托起了我们共同的事业，这不叫一家人又叫什么呢？所以，我倡议大家不要说'我应该怎样做、做什么'而要说'我们应该怎样做、做什么'。我希望大家不要忘记，我们是合作伙伴，我们有着共同的利益目的，不管我们做什么，都是冲着这个共同的利益目的来的。"

查尔斯先生被我的发言所感动，他第一个站起来回应道："先生们，我们应该知道，约翰的意思是，比起'我'来，'我们'这个词更加重要，因为我们是一家人，没错，我们要说'我们'！"

标准石油公司将拥有光辉的未来，这个结果在那一刻就已经明确了。因为我们都已经开始忠诚于"我们"。要知道，每个人都是自私的，每个人的天性都是忠于自己，"我"是每个人心中当之无愧的第一位。当"我们"取代了"我"的时候，它所能够爆发出来的力量将变得无法估量。我相信我们能取得巨大的成就，就在于我们首先经营了人，所有的人。

查尔斯先生与我有着共同的信仰和共同遵行格言——珍惜时

间和金钱。在我看来，这句话已经上升为聚集着伟大智慧的箴言了。我可以确信，它会受到不少人的钟爱，但是，很少有人能够将其真正转为自己的价值信念、思想教条，更少有人能够将其浸入自己的骨髓里。

当然，不管一个人积累了多么丰富的箴言妙语，也不管这个人对事情的见地有多么深远，倘若他不能将其很好地运用于现实生活中的行动里，他的性格也终不能受到其良好的影响。那么这些箴言妙语也就毫无意义，就如同一颗颗名贵的珍珠散落在了鸡窝里。

几乎人人都知道，能否与幸福生活拥抱，能否实现自己的人生目标，都与如何利用时间有关。然而，在很多人眼里，时间是他们的敌人，他们拿时间作为消遣，抹杀它；但如果谁偷走他们的时间，他们又会大发雷霆，因为时间毕竟是金钱，重要的时间还是生命。遗憾的是，他们就是不知道如何利用时间。

事实上，很好地利用时间并不难，关键在于我们要学会规划自己的每一天，甚至是每一刻，并且知道自己应该思考什么，应该如何去行动。计划就是我们顺应每天的情况而生活的依据，它能够告诉我们哪些是可行的。想要制订一个完美的计划，首先你要知道自己想要的是什么，还有就是每项计划都要有措施，并且要监督成果。只有那些能够付诸行动，并且有成果的计划，才是有价值的计划。当然，创造力、自发精神和信念可以化不可能为可能，并突破计划的限制，所以，不要自囿于计划之中。

人生的每一刻都是关键，每一个决定都影响生命的进程，因此，我们制订规划也需要策略。决心不易下得太快，遇到重要问题时，如果没有想好最后一步，就永远不要迈出第一步。一定要相信，总有时间去思考问题，也总有时间去将想法付诸实践，要有促进计划成熟的耐心。可是一旦自己做出决定，就要学着像一个斗士那样，忠诚地去做！

赚钱不会让你破产，这是查尔斯先生的致富圣经。曾经在一次午餐聚会当中，查尔斯先生公开了自己的赚钱哲学。就在那天，他用了一种近乎演讲家般的激情，激励了我们在场的每个人，他告诉我们大家，世界上有两种人是永远不会富有的：

第一种是及时行乐者，他们喜欢过光鲜亮丽的日子，像苍蝇盯臭肉那样，对奢侈品兴趣盎然，他们挥霍无度，竭尽所能要拥有精美的华服、昂贵的汽车、豪华的住宅，以及价格不菲的艺术品。这种生活的确迷人，但它缺乏理性，及时行乐者缺乏这样的警惕：他们是在寻找增加负债的方法，他们会成为可怜的车奴、房奴，而一旦破产，他们就完了！

第二种人是喜欢存钱的人，把钱存在银行里当然保险，但它跟把钱冷冻起来没什么两样，要知道靠利息不能发财。

我们这些在场的人命中注定会成为富人。因为我们把别人寻找花钱方法的时间都用在了寻找和培养各种投资上。在我们看来，财富是可以用来赚取更多的钱财。我们会将自己的钱拿来投资，以此来创造更多的财富。但是我们要知道，让每一分钱都能带来收益，这也正是约翰一直的经商原则，让每一分钱都物有所值！

查尔斯先生的演讲，获得了满堂的掌声，我被他的言语所打动，以至于鼓掌时过于用力，直到饭后还觉得两个手掌隐隐作痛。

如今，再也听不到那种掌声了，也没有鼓那种掌的机会。但“珍惜时间和金钱”一直与我相伴。我没有理由浪费生命，浪费生命就等于糟蹋自己，世界上没有比糟蹋自己更大的悲剧了。我也不把安逸和享乐看作生活目的的本身，因为我称其为猪的理想。

爱你的父亲

第 27 封信

能忍别人不能忍的事

亲爱的约翰：

你跟我讲了你退出花旗银行董事会的事，我要谢谢你的信任。我对你的这种做法表示理解，你肯定是不能继续忍受他们的某些做法了。

不过，你这个决定是否正确，还要依靠时间去验证。理由很简单，如果你不主动放弃董事的职位，而是选择留在那里，或许你会得到更多。

我知道，忍耐是思想的大敌，也是自由的枷锁。然而，对于一个有远大志向的人来说，应该保持必要的屈从与忍耐。在我过往的经历中，也忍耐过很多，同时，也因为忍耐获得过很多。

为了解决创业初期缺乏资金的，我同意了合伙人克拉克先生邀请他曾经的同事加德纳先生入伙的提议。因为一旦有了这个富人的加入，就意味着我们能够做出很多我们想做、有能力去做、只要拥有足够的资金就能做的事情。

没想到的是，得到资金的代价居然是要承受屈辱。他们想要将克拉克－洛克菲勒公司的名字变更为克拉克－加德纳公司。他们要将洛克菲勒姓氏抹去的原因十分可笑，竟然是因为加德纳出身名门，他们觉得用他的姓氏能够吸引到更多的客户。

我被这个要求激怒了！我也是合伙人的身份啊，难道仅仅因为加德纳出身名门，就能够凭借一份资金来剥夺我的名分吗？但是最终我忍了下来，我提醒自己，你一定要控制住自己，要保持心态平静，路还很漫长，这仅仅是一个开始。

我故作镇静，装作若无其事的样子告诉克拉克："没事，这并没有什么。"可是事实上我没有办法不去在乎。可以想象得到，一个遭受不公平、自尊心正受到伤害的人，他怎么能有如此的宽容大度！不过，最终我还是用自己的理性浇灭了自己心头的怒火，因为我知道，这样能够给我带来切实的利益。

忍耐不是盲目的容忍，你要学会冷静地去思考，要知道你的决定是否偏离或者是伤害你的目标。如果我对克拉克大发雷霆的话，不仅仅会有失体面，更为重要的事情，是会给我们的合作制造出裂痕，甚至他们会联合起来将我一脚踢开，让我自己从头再来。而团结则能够形成一股合力，让我们的事业慢慢做大。我自己的力量和利益也会越来越大！

我知道需要什么，在这之后我继续一如既往、不知疲倦地热情工作。第三年时，我成功地将那个极尽奢靡的加德纳先生请出了公司，让克拉克－洛克菲勒的牌子重新立了起来。也就是从那时起，我已经成为一个富人，人们开始尊称我为洛克菲勒先生。在我的眼中，忍耐并不等于忍气吞声，也不代表着卑躬屈膝，忍耐只是一种暂时的策略，同时也是对自己的一种磨炼，它能够孕育出的，正是我们的好胜之心，这是我在和克拉克先生合作期间，所领悟出来的道理。

我崇尚平等，厌恶居高临下发号施令。然而，克拉克先生在我面前却总要摆出趾高气扬的架势，这令我非常反感。他似乎从不把我放在眼里，把我视为目光短浅的小职员，甚至当面贬低我除了记账和管钱之外一无所能，没有他我更一文不值。这是公然的挑衅，我却装作充耳不闻，我知道自己尊重自己比什么都重要，但是，我在心里已经同他开战，我一遍一遍地叮嘱自己：超过他，你的强大是对他最好的羞辱，是打在他脸上最响的耳光。

你知道最终的结果，洛克菲勒－安德鲁斯公司取代了克拉克－洛克菲勒公司，从此我搭上了成为亿万富翁的快车。能忍受别人不能忍受的，才能做成别人不能做成的事。

在任何时候冲动都是我们最大的敌人。如果忍耐能化解不该发生的冲突，这样的忍耐永远是值得的；但是，如果顽固地一意孤行，非但不能化解危机，还会带来更大的灾难。安德鲁斯先生似乎并不明白这个道理。

安德鲁斯先生是一个自以为是，却完全没有商业头脑的人，他没有那种成为伟大商人的雄心，却有着不少的偏见，这种人跟我发生冲突显然一点不奇怪。

后来，公司发放股东红利这件事成了我们分开的导火索。那年，我们经营得不错，赚到了不少钱，可是我并不想将公司赚到的钱全部分给股东，而是希望将其中一半的收益用来继续运营公司。这个决定遭到安德鲁斯先生的坚决反对，他想要将赚到的钱全部分了，甚至用散伙来恐吓我。我不会接受这种阻止公司强大的想法，最后我向他摊牌，并且用100万元买下了他所持有的股份。

安德鲁斯先生拿到钱后非常高兴，他觉得自己赚到了，他觉得自己手中的股份根本就不值100万元。但是他没有想到的是，很快我就转手赚了30万元。后来他知道这件事后，竟然骂我用卑鄙的手段欺骗他。

我不想因为区区30万元就落得个卑鄙的名声，就派人告诉他可以按原价收回。但懊恼中的安德鲁斯拒绝了我的好意。事实上他拒绝的是一次成为全美巨富的机会，如果他能把他价值100万的股票保留到今天，就会成为千万富翁。但为赌一时之气，他丧失了终生再也抓不住的机会。

亲爱的约翰，在这个世界当中，需要我们去忍耐的事情很多，导致我们情绪失控的事情也很多。所以你一定要学会如何管理自己的情绪，以及学会如何控制自己的感情，要注意在做决定的时候，不要受到感情的影响，而是要冷静地根据自己的需求来做决定，永远要清楚自己想要的是什么。

需要提醒你的是，在这个机会的世界里，并没有那么多的机会供你去挥霍，所以如果你想成功的话，你就一定要抓住自己的每个机会。

记住，要天天把忍耐放在身上，它会给你带快乐、机会和成功。

爱你的父亲

第 28 封 信

我能把事情做得更好

亲爱的约翰:

你让罗杰斯担当重任的观点我并不赞同，我曾经和你有过相同的想法，但最后让我很失望。我用人的原则就是那些被委以重任的人，是那些为了将事情做好从而找出更好办法的人，但是罗杰斯显然并不合适，因为他是一个懒得思考的人。

在我有心启用罗杰斯以前，我曾经问过他一个问题，我说："罗杰斯先生，你觉得政府要怎么做才能够用 30 年的时间废除所有的监狱？"他听完这个问题觉得很困惑，觉得自己听错了，一阵沉默之后，他就开始想办法反驳我："尊敬的洛克菲勒先生，您是想要将那些强奸犯、杀人犯和强盗都释放吗？您知道这么做，会造成什么样的后果吗？如果真是那样的话，这个社会就不会安宁了，所以不管怎么样，一定要有监狱存在。"

我希望能把罗杰斯那颗铁块一样的脑袋砸出一条缝隙，就提醒他说："罗杰斯，你只是说出了不能废除的理由，那么你现在试想，如果可以废除监狱的话，我们要如何做呢？"

“这太勉强我了，洛克菲勒先生，我无法相信，也很难找出废除它的方法。”这就是罗杰斯的办法——没有办法。我实在是想象不出，如果给予他重任的话，当机会或者是危难来临的时候，他能不能动用他所有的才智来积极地应对。我并不相信罗杰斯，他只会将希望变成失望。

要想把事情做得更好，首先就要对所要做的事情有成功的保证。这不需要有非凡的大脑，重要的是要相信能把事情做成，要有这种信念。当我们相信某一件事不可能做到的时候，我们的大脑就会为我们找出各种做不到的理由。但是，当我们相信某一件事确实可以做到，我们的大脑就会帮我们找出各种方法。

只要我们相信这件事情能够做成，我们就一定能够找到解决问题的创造性方案，将我们内在的那些创造性的能力发挥出来。相反，如果不相信事情能够成功的话，那么就等于我们自己关闭了创造性解决问题的心智，这样不仅会阻碍我们发挥创造性的能力，还会让我们的梦想破灭，这也就是我们为什么常说“有志者事竟成”的道理。

我非常不喜欢我的手下人说“没办法”。“没办法”是失败的用语，一旦一个人被“那是没办法成功的”想法所支配，他就能生出一连串的想法证明他想得没错。罗杰斯就犯了这种错误，他是个传统的思考者，他的心灵都是麻木的，他的理由是：这已经实行100年了，因此一定是个好办法，必须维持原样，又何必冒险去改变呢？而事实上往往只要用心去想办得到的原因，就可以达成。“普通人”总是憎恶进步。

所有的方法都不可能都不会绝对的完美，这就告诉我们要不断对我们设计方法进行改良和在设计。我对这一点深信不疑，所以我经常会再寻找一些更好和方法。我不会问自己：我能不能做得更好？我知道我一定办得到，所以我会问：我要怎样才能做得更好？

自身拥有很多的想法是找到更多办法的捷径。我不断地去给自己或者别人设定一些比较高的标准，不断去寻找增进效率的办法，用最低的成本来换取更多的报酬，投入更少的精力去做出更多的事情。因为我知道的是，最大的成功者都是那些曾经抱着“我能够把事情做得更好”的态度的人。

要培养自己的自信，相信自己能做到更好，要每天想：我今天要怎样把工作做得更好？今天我该如何激励员工？我还能为公司提供哪些特殊的服务呢？我该如何使工作更有效率呢？这项练习很简单，但很管用。你可以试试看，我相信你会找到无数创造性的方法来赢得更大的成功。

每个人都不缺解决问题的能力，关键看你有没有解决问题的信心。我们认为我们能做多少我们就真的能做多少。如果我们真的相信自己能做得更多，我们就能创造性地思考出各种方法。

只有懦弱者才会拒绝新的挑战。我们要集中心思于怎样才可以做得更多。如此，许多富有创造性的答案都会不期而至。例如，改善目前工作的计划，或者处理例行工作的捷径，或者删除无关紧要的琐事。换句话说，那些使我们做得更多的方法多半都在这时候出现。

亲爱的约翰，你应该和罗杰斯谈谈，我也希望他能够有所改变，到那个时候，他就能够过上好日子了。

爱你的父亲

第 29 封 信

尾声即开始

亲爱的约翰:

我很难理解安德鲁·卡内基先生热衷于在媒体上频繁亮相的行为，可能是担心世人将他遗忘了吧!

但是我个人还是很喜欢这个经常和我争斗的家伙的，因为他非常勤奋，并且野心勃勃，总是认为前进才是最重要的事情。每当别人问起成功的秘诀时，他总是淡淡地说：“尾声即开始。”

我没想到，铁匠出身的他居然能说出如此富有哲理的话。他这句名言很快会妇孺皆知，他也许还会因为这个获封“商界哲学家”的头衔。不过，他能够将自己成功的一生浓缩成这样一句精辟的小短句，是非常值得人们给予他高度的赞誉的，因为那正体现了他不凡的商业智慧。

卡内基先生在给出一个成功的公式之后，没有告诉大家其中的演算过程，这应该是他吝啬的本性使然，肯定是怕别人偷学自己成功的秘诀。

现在，我来试着解一解这个公式，你看看就好，不要传播出去。

否则，他会因为我透露了秘诀而故意捉弄我。

依我看来，“尾声即开始”代表成功是一个持续的过程，不可能一蹴而就。就像一头母牛生了一头小牛之后，紧接着又生第二头，如此持续下去，不断繁衍。

尾声是一段旅程的最后一站，同时又是一个新旅途的开始。每一个有所作为的人，都是建立在一次次小的成功基础之上的，他们在结束的时候庆祝梦想终于得以实现，同时，又在即将结束的时候开始计划新的征程。这是每一个成功人士都具备的特质。

那么，新的征程如何开始呢？这一点卡内基先生故意没有提及，而这却正是梦想得以顺利实现的最后一步，也是新梦想开始最为重要的一步。

其实，答案一点也不神奇，就是要从最初的时候就千方百计地获得优势。以过往的经验来讲，我获得优势的方法有三种。

第一种方法：首先要下定决心，关注竞争势态和竞争者的可用资源。这就表示，我们要打起十足的精神关注自己和对手要拥有的东西。着手新事业的时候，没有了解到事情的整个势态，千万不要鲁莽地采取初步行动，成功的第一步就在于了解达到目的所需要的优势在哪里和要避免的劣势在哪里。

我会在刚开始的时候就对机会出现的时机进行了准确评估。一旦它出现，我就会立马抓住它。而且我还明白，最好和好是互相对立的。大多数人为了追求最好的东西而宁可放弃好的东西。

这样做显然不是聪明之举，因为好总比不好或者是坏强许多。现实生活中，理想中的完美机遇很难遇上，但不尽理想的种种还算勉强的好机遇却时常光顾，但这远比没有机遇要强得多吧！

第二种方法：研究分析对手的情况，然后善于把这种分析转化成自己的优势。了解对手的优势、弱点、办事的风格和性格特点，总能让我在竞争中游刃有余。当然，我也要对自己了如指掌。我曾经就是用这个策略，让那个“尾声即开始”的发明者卡内基先生输得服服帖帖。

和卡内基先生这名钢铁巨人竞争就好像和死亡竞争一样难。然而，他却生性固执，总喜欢鄙视别人，不把任何人放在眼里，正是这个缺点才让我这个竞争对手占了上风。

他并不重视我，认为我只能在石油行业赚钱，而且也绝不会蠢到去干采矿，因为矿石多到开采不尽，而且价格非常低。

所以，当我投资采矿业时，他几乎逢人就不忘挖苦我一番，说我对钢铁业一窍不通，是全美最失败的投资者。实际上，卡内基只不过看到了山腰却看不到山顶，他不知道最重要的东西是价值，而价格本身没什么神圣性。如果不能控制采矿业，他那些引以为豪的炼钢厂就只是一堆废铁。

当别人轻视你的时候，正是你努力赢得竞争筹码的时机。所以，我开始决定全方位进行投资。

不久之后，那个不可一世的铁匠很快就发现我这个不起眼的、有些愚笨的投资人竟然掌控了铁矿业，而且一跃成为全美最大的铁矿石生产商。这下他有些着急了，忍气吞声地来求我和解。也就是说，竞争中首先针对对方的弱点狠狠打击的人，往往能赢得最后的胜利。

第三种方法：必须拥有正确的积极心态。要从一开始就下定追求胜利的决心，也就是说在道德范围内，你必须表现得积极无情，正是那残忍无情的目标决定了你别无选择，只能采取这种态度。

一旦下定决心追求胜利，就必须全力以赴，也只有这样才能取得巨大成就，获得最终的成功，在竞争的开始阶段更应该如此。说得好听一点就是，付出努力取得早期的优势，建立独占的地位；说得难听一点就是，付出努力等于让别人减少一个机会。而与此同时，我们还要积极乐观、一往无前，要有吞下鲸鱼的胆量。我坚信，亘古不变的真理就是：天才的竞争者总是由勇士来担任。

在新征程的初始阶段，都必须保持一颗追求胜利的心。假如没有这份心，那么即使对对手的状况和目前的竞争现状有足够的了解，也无法获得胜利。不断充实自身的知识、保持控制力、能够评估竞争现状，这些都足以让你满怀自信地去追求最终目标的实现。那些经常失败的人和企业，大都是因为没有全心投入到他们所做的事情中去。

亲爱的约翰，你要将“尾声即开始”这句名言和我告诉你的那三个方法牢牢记住。

哦，我该不会在费力地帮助一个根本不需要我帮助的谋略家吧？

爱你的父亲

第 30 封 信

别让小人拖了你的后腿

亲爱的约翰:

我想你已经觉察到了，因为你的那些朋友，你的某些思想和观念正在发生变化。我当然不反对你扩大社交圈，它可以增加你的生活情趣，扩展你的生活领域，或许还会帮你找到知己或实现人生理想的人。但有些人显然不值得你与他交往，比如，那些拘泥于悲观卑微、拘泥于琐碎的人。

这两种人在我年轻的时候就不是我交往的对象。

第一种人，完全屈服于强大力量并且又安于现状的人。这种人的一大特点是甘为人下，他们情愿守着一份有保障收入的平凡职位，就形同机器人一般年复一年、日复一日地浑浑噩噩生活着。他们有时候也会想到自己应该去找一份更具挑战意义的工作，因为只有这样才能促进自身才能持续发展壮大，但是，现实生活中的种种阻力，使得他坚信自己根本没有做大事的能力。

真正睿智的人，无论什么时候都不会坐下来哀伤。但是这种人通常只会抱怨自己的命运不济，却从来学不会欣赏自己，将自己看成很有分量的人，他们已经失去了那种让自己全力以赴的感觉，以及自我鼓励的本能，反而不断地让消极占据了自己的内心。

第二种人，是那些不能挑战到底的人。他们也曾经非常想成就一番事业，也曾为自己的工作倾心筹划、精心准备。但是经过十几年或者几十年，伴随着工作阻力慢慢增加，实现更高目标需要付出更多艰苦努力的时候，他们就觉得自己的辛苦实在是不值得，因而放弃了努力，变得自暴自弃。

他们会自我解嘲："我们挣得钱已经够多了，生活已经比以前好多了，我很知足了，为什么还要冒险呢？"其实这种人已经有了恐惧感，他们害怕失败，害怕大家不认同，害怕发生意外，害怕失去已有的东西。他们并不满足，却已经投降。这种人有些很有才干，却因不敢重新冒险，才愿意平平淡淡地度过一生。

消极是这两种人的共同特征，并且这种特征特别容易感染到其他人。

我一直觉得，每个人的个性以及野心，与他处在什么样的身份地位，和他与什么人交往有关。如果经常和消极的人来往，那么你自己也会变得消极。常常和小人物来往，那么你就会多出很多卑微的习惯。反过来说的话，如果经常和大人物接触的话，就会提高自己的思想水平。经常和那些雄心万丈的人来往，也能够让你具有迈向成功所必需的野心以及行动。

我非常喜欢同那些不屈不挠的硬汉交朋友。一位智者说了一段非常美妙的话——我要挑战，挑战自我，挑战逆境，因为智慧老人告诫我，那是通往成功的最明智方向。但是做到这些的人却少之又少。

这种人从来不会让自己陷入悲观的情绪中，也不会屈从于任何困境，更不相信自己会庸庸碌碌过一生。他们活着的目的，就是要不断地创造成就。这种人通常都非常乐观，因为他们拥有自己想要完成的心愿。同时，这样的人也很容易会成为各个领域的成功人士，他们能够享受自己的人生，也懂得生命的可贵，他们都在期待着新事物的到来，以及和新朋友之间的新接触，因为他们能够将这些事情当作丰富人生给予的历练，因此他们十分乐意去接受。

我相信大家都想被列入这种人的行列里，因为只有这种人才能够获得成功，也只有这种人能够真正地行事，并达到他们预期的目的。

非常遗憾的是，悲观消极的人在现实当中随处可见，也让更多的人无法从消极之墙的围困当中逃脱。

我们身边有各种各样的人，有些人消极保守，也有人则能够积极进取。那些曾经和我共事过的人，有些人只是想混口饭吃，而有些人则是怀着大志向，想要获得更好的成功。他们深切地知道，想要成为一个大人物之前，一定要先做一个好的追随者。

要有所成就，就要避免落入各种陷阱或圈套。在任何一个地方都有人自知不行，却硬要挡住你上进的路，阻止你更上一层楼。有许多人因为力争上游，而被人嘲笑甚至被恐吓。还有些人非常嫉妒，看到你努力上进、力求表现，会想尽办法来愚弄你，使你难堪。

我们不能阻止他人成为那些无趣的消极分子，却可以不被那些消极人士所影响，从而降低我们自己的格局。你要学会让他们路过，就像是一条河流那样自然地流过。去跟随那些思想积极前进的人，同他们一起成长吧！

我相信你能够做到这一点，只要你还有正常的思想就一定能够做好，而且你最好这样去做。

每件事情都要尽量做好，因为你负担不起那些因为贪小失大所累积的种种额外负担。

爱你的父亲

◇ 挑战自我，挑战逆境 ◇

这种人的一大特点是甘为人下，他们情愿守着一份有保障收入的平凡职位，就形同机器人一般年复一年、日复一日浑浑噩噩地生活着。

那些不能挑战到底的人，伴随着工作阻力的慢慢增加，他们就觉得自己的辛苦实在是不值得，因而放弃了努力，变得自暴自弃。

第 31 封信

目的就是一切

亲爱的约翰：

我以你能够进入标准石油公司的核心层为荣。需要提醒你的是，享受多少荣耀，就应该承担多大责任。否则你会愧对这份荣耀，你会辜负别人对你的希望和信任。一定要记住，你已经是标准石油公司的核心力量，你将决定公司未来发展的成败，这就要求你要以更强的力量以及标准来要求自己。

坦率地说，你还要学很多东西，才能在现在这个位置上出类拔萃，让大家能够认同和尊敬你。现在，你需要思考的问题是：你自己是否能够成功担当起这个角色。

每一位领导都是带来希望的使者，都是带领部属安然度过诸多荆棘的向导。作为一个领导者，不管是谁，都会遇到一堆的问题，就好像是堆积如山的工作，没完没了的咨询，突发的一些变故，最高管理层以及投资人甚至是客户们没有止境的要求，难以调教的雇员们，都能让你焦头烂额、疲于应付，让你倍感挫折、恐惧、焦虑和不知所措，以致摧毁你想成就一番商业与个人成就的梦想。

不过，有时候成为一个充满信心和活力的卓越领导者，反而要比成为一个死气沉沉、在无助中挣扎度日的领导者更加容易，当然前提是他要知道怎么样才能够让他的部属甘心地给他卖命。注意！我说的是甘心，而不是被迫。

作为标准石油公司的领导者，我既享有权威又享有愉悦，因为我知道，找到可以保证完成任务的人，就等于为我创造了时间，换句话说，这不仅会让我精力充沛，更重要的是，它会让我有更多的时间去思考怎么能为公司赚更多的钱。

在这其中有一个态度问题，我们的一举一动都是态度使然，我们有什么样的态度，也就决定了我们会采取什么样的行动，对于结果，则由时间去见证。一个人可以通过改变自己的态度从而转变自己的人生，倘若你坚信自己能够改变自己的态度，那么你就一定能够改变的。

睿智的人总是能选择出一个对自己最为有利的态度。真正懂得领导艺术的人，总是会自问：到底怎样的态度才能够帮助自己达成自己想要的结果。是采取一种激励的态度，还是抱有一种同情的态度？他们永远都不会选择冷淡或者表现出敌意的态度。

如果你将自己看得太高，想要采用专制的态度，那么你很有可能成为下个路易十六。我从来都不会专横跋扈，去制造什么冲突，或者给自身施加过大的压力。我的习惯是给予部下信任、鼓舞他们的士气来达成我所期望的商业成就，这样能够帮助我实现灵活运用部属的目的。想要做到这一点，其实方法很简单，那就是要知道怎么样运用和设定目的的力量。

我是一个纯粹的目的主义者，我了解目的的价值，我不像有些人那样过分地夸大目标的作用，而是重视目的的功能。在我眼里，目的是发动我们潜能机器的原动力，是主导一切的重大力量，它能够直接或者间接地影响我们的行为，激励着我们创造出达成目的的方法。明了、果决的目的，会让我们毫不动摇地专注于自己所选择的方向，而且会全力以赴地去完成这个目标。

目的就是一切，我通常都会在做事情之前首先确立目的，并且每天都要设定目的，无数的目的。就好像我和合伙人谈话的目的，召开公司会议的目的，制订哪些计划的目的等。我通常在做事情之前，先检视自己所设定的目的。通常在我到达公司的时候，我已经做好了完全的准备。所以在我的心中，从来没有出现过那些“我没有办法”“我不管了”等非常消极的想法，每一次目的的确立，都能够抵消这些失败的力量。

如果你还不能确定自己的目的，那么你很有可能就会被其他的事情转移注意力，结果很可能导致你失去了掌控全局的能力，同时你也会受制于那些让你分心或者搅乱你的人或事件。

不过，一个人要想成就大事业，你只确立目的是不行的，因为那只是走到成功路的一半，是成为目的主义者的中途，你还必须得走余下一半的路程才能够到达成功的彼岸。余下的那一半路程，就是需要你坦诚地向你的部属表述你的目的，包括你的个人企图、动机以及内心的计划策略。对于每一位需要了解你所想达成的目的的人，你必须得详尽地向他们说明你的目的。我正是那样做的，我在每一次的会谈、会议、报告或者是事情的初始阶段，都会先向大家表明我的想法、动机以及预期结果。无论事情大小巨细。

这样做的好处会令你感到惊讶。它不仅能使下属清楚你的目标、知晓正确的前进方向，最重要的是，当你勇于将目的开诚布公后，你将收获情感上的忠诚。要知道忠诚是甘心效命的开始。

信任和尊重是卓越领导力善于运用的两种无形力量。当你诚实地说出自己的目的时，你将传达出这样的信息：这是因为我对你们抱有强烈的信任，所以我愿意向你表白。它能够开启信任的大门，而在大门之外，你所能够获取的不仅仅是部下的能力，还有来自他们的忠诚。要依靠凝聚力量来帮助你的忠诚，信赖别人并且使别人也信赖你，这就是我取得如今成就的重要原因。

公开你的目的，更能避免无益的推论。如果你不告诉下属你的目的，他们就会花时间去猜想，根据所能搜集到的蛛丝马迹进行揣测，而这些信息都很容易受到扭曲。只有不需要解读你的动机时，下属的士气与能力才有机会获得提升。所以，把下属当成“傻瓜”似乎更有利。

没有什么能取代目的的力量，它不只是一个声明那么简单，同时也是领导者对于个人行为的一种勇敢坚决的誓言。那些比较果决的目的，往往能够激励部属，在他们日后的工作当中，拥有更为杰出的表现。

领导者的天职是发现问题，而解决问题要依靠下属，如何把下属调动起来，完成他们的职责是领导者首要考虑的事宜。我认为，亮出你的目的，热情地对待每个人，就能实现你所要的。

目的就如同钻石：如果要它有价值，它必须是真实的。不诚恳的目的表白只会坏事。如果一个人滥用目的的力量，他只会破坏彼此间的信任，并失去别人的信赖。这就是表达目的的风险。

亲爱的约翰，到达地狱的道路，通常是由善意铺成的，除非你已经做好了那些完全的准备，不然这句话很有可能变成真的。

爱你的父亲

第 32 封 信

远离责难与推诿

亲爱的约翰：

如果我说一直不愿甘拜下风、总以为自己是世界第一富豪的安德鲁·卡内基先生来拜访我，并向我讨教了一个非常严肃的问题，你会不会感到惊讶？事实上，这件事情真的发生了。

那是在两天前，卡内基先生突然拜访了我。在融洽的氛围中，卡内基先生放下了他那钢铁般的自尊，问我："大家都知道，你身边有一群非常能干的人，不过，我并没有觉得他们的才干有多么卓越不凡，但令我感到奇怪的是，他们似乎是无坚不摧的，总是能很轻松地击败你的竞争对手，我迫切想知道的是，你到底用了什么样的手段，让他们拥有了那样的精神，是不是金钱的力量？"

我告诉他，金钱的力量当然不可低估，但责任的力量更是巨大。有时，行动并非源于想法，而是源自揽起责任。我们的石油提炼公司的人都有负责精神，都知道"我的责任是什么？我做什么可以把事情做得更好？"但我从不高谈阔论责任或义务，我只是通过我的领导方式来创造具有责任感的企业。

谈到这里，我以为这个话题已经结束了。可卡内基还不满足，他非常认真地追问道：“那你能够告诉我你是怎么做到的吗？”

我无法拒绝卡内基先生那真诚求知的态度，继续对他说，如果我们想要持续生存下去的话，那么我们的领导方式就一定不要出现因为任何理由去责难别人，或者因为什么理由去责难什么事情。责难就如同一片沼泽，一旦失足跌落进去，你便失去了立足点和前进的方向，你会变得动弹不得，陷入憎恨和挫折的困境之中。结果只有一个：失去手下人的尊重与支持。一旦落到这步田地，那你就好比是一个将王冠拱手让给他人的国王，无法再主宰一切。

在我看来，责难是摧毁领导力的头号大敌，同时，在这个世界当中并没有什么常胜将军，不管是谁都有遭遇失败的时候。所以，我不会因为出现了问题而愤怒，我只关注如何做才能扭转局面，采取什么样的行动能够进行补救，或者是修复自己的失误，随后积极地向着更高的满意度前进。

当然了，要想让别人有责任感，我首先得自己以身作则。每当一个问题降临到我们头上的时候，我首先会停下来问问自己：“洛克菲勒，你的职责是什么？”然后回归到原点，借着对自身角色的一种认识，能够很好地避免窥探别人做了什么，或者是要求别人做出什么样的改变等一系列并没有什么意义的行为。实际上，只有将焦点放在自己身上，才能够将自己无意当中送出的王冠重新收回来。

但是，分析自己的职责并不意味着是一种自责，我从来不会自责，因为我知道自责是一种最为阴险狡猾的责难陷阱，类似“那真是一个错误的抉择，愚蠢的行为”之类的颓丧话，只能够使得我们深陷等同于其他责难的仇恨与抱怨陷阱中。事实上，这种自我审视的“我的职责是什么”是一种具有强大分析力和自我肯定的步骤。我知道的是，真正的问题，并不在于他们应该去做什么，而是我应该需要做什么的时候，我不会自怨自艾，只会让自己变得更加的强大，只有自己越强大，别人的影响力才会越小，看起来这并不是什么坏事。

倘若我们能够将每一次的挫折或者每受到一次的阻碍都看作审视自己的机会，而不是去斤斤计较别人对我做了些什么，那么我就能够在危机的高墙之外，找到一条光明的出路。

当然，我从不把自己视为救世主，也没有救世主的心态。我自问：我在哪些方面应该为自己负责？同时我也自问：在哪些方面，我的部属们要为我负责？领导者的工作不是全知全能，也不是什么事情都自己全权负责。如果我自认为无所不能，试图去拯救这个世界的话，那么只会让自己陷入领导危机当中。在我的责任当中，有很大一部分，是要让其他人也对自己该负的责任负责。如果每个雇员都对自己切身利益相关的事毫不关心的话，那么我不相信这样的雇员能够拥有出色完成工作的能力，那么他就应该离开，给别人去服务了。

感觉责任在肩的那种压力，能让人不自主地兴奋起来。责任感能够激发人们做事的能力，而将那些重大的责任交托给部属，并且让他们知道我充分地信任他们，对他们来说，无疑是最大的信任。所以，我从来都不会将部属需要承担的责任揽到自己的身上。

我不只光靠示范作用来营造公司的“责任气氛”，我的部属都知道我做事的基本原则：标准石油公司当中没有责难、没有借口，这是我这么多年来一直坚持的理念。我并不会因为他们犯了错就去责罚他们，但是我绝对不能容忍不负责任的行为存在。我们的信念就是要得到彻底的奉行，我们的理念是支持、鼓励以及尊重。只会去找各种各样的借口，而不去提供解决方法的人，在标准石油公司是没有办法容身的。

实际上，我们很少去犯任何错误，因为我的大门随时给我的部属们敞开。他们可以随时和我说出他们的意见，或者干脆只是找我发发牢骚，但是要用一种比较负责任的方式，这样做的结果就是让我们更加信任对方了，因为我们知道所有的事都要在阳光下面去讨论。

卡内基先生显然是个优秀的老学生，他并没有浪费我的时间，他在我说完这番话之后，说道：“在抱怨声中，优秀的员工也会变成一群乌合之众！”显然他明白了这个道理，他真的是一个聪明的人。

亲爱的约翰，推卸责任的心理存在于大部分人身上，这才导致推诿的现象随处可见。但是它的危害是巨大的，而想要避免的方式，就是要学会开始倾听。

对一个成功的领导者最大的挑战就是，自己要清楚怎样创造出一个能够让人们觉得，开诚布公比隐瞒实情来得更加舒适的环境。主动地去邀请别人说出内心真实的想法，用一些比如“再多说一点”或者是“我真的很想知道你的意见，这对我很重要”等话语来激励他们说出自己内心真实的想法。跟一般人所想的正好相反，在对话中，真正拥有权力的人是聆听者，而不是陈述者。

很难相信吧？想想看，陈述者的语调、焦点还有说话内容，事实上都取决于你倾听的方式。如果你和一个面露敌意并且饱含侵略姿态的人，以及一个在你说话的时候全神贯注倾听的人，两者之间有什么差异。当你单纯地聆听其他人说话时，你卸下了你的防卫。你会得到这些好处：你对有攻击性或愤怒的语言背后隐含的内容有更透彻的了解。你可以得到更多资讯，而这些资讯可以改变你对整个事件来龙去脉的假设。你会有更多的时间来整理思绪。

陈述者非常重视你对他的感觉，让人觉得兴奋的是，当你选择专注地倾听之后，原来那些陈述者也更愿意听从你的意见。

真实的倾听是不具有任何防御性的。即使你不喜欢这个信息，你也应该倾听，而不是马上就做出任何回应。专注的倾听不是什么技巧，更像是一种处事的态度。作为一名积极的倾听者，你要贡献出自己百分之百的注意力给另外一个人，而不是出现想到什么就脱口而出的状况。这样一来，你就能够免去自己先入为主的观念，并且能够敞开自己的胸襟，开创一段可能更为有趣且有效果的对话。

长久以来，我们塑造了生活也塑造了自己。这一过程将会持续下去，我们最终都将对自己的选择负责。就如“目的”决定你的方向，拒绝责难将筑出一条实现目标的大道。

爱你的父亲

第 33 封信

让每个人做自己喜欢的事

亲爱的约翰：

你的信我收到了，很高兴你能读懂总能助我成就事业的做事准则：力求让每个人做自己喜欢的事情。

在我看来，做自己喜欢的事情是一个天经地义的规则。它随时都在提醒我，想要领导手下们完成任务，就要想方设法地利用他们每个人的特长，并且引导他们将热情注入工作当中，来成为一种超强的生产力，这也正是我能够在竞争中成为赢家的诀窍。

我在读书时就记得这样一句话：“最完美的人就是那彻底投身于自己最擅长的活动的人。”后来经过我的加工，把它变成了我管理上的一个理念，就是最能创造价值的人，是那些能够彻底投身于自己喜欢事情的人。

我多次提到过，每个人都会忠诚于自己的天性，都想成为自己渴望成为的那种人，而让他们实现忠诚于自我的方式，就是让他们做自己喜欢做的事情。非常可惜，很多的管理者却从来都不善待雇员忠于自己的诉求，结果事倍功半。

这其中的道理非常容易理解，如果你不能将时间投入到你自己喜爱的事情上，你就一定不能感到自我满足。如果你自己得不到满足的话，那么你就会失去对生活的热情；一旦你失去对生活的热情，你将会失去最初的动力。指望一个没有动力的人出色地完成工作任务，就像是指望一个已经停摆的闹钟准确地报时一样，是非常可笑的。

所以，我时刻不忘给予手下忠于自己的机会——燃烧他们的热情，让他们的特别才干发挥到极致，而我自己从中收获的，恰恰是财富与成就。忠于自己就将使自己赢得人生中最伟大的一场战役，谁会放过这样的机会呢？

你要想成功利用手下的热情，你必须知道领导者的职责，不是要挖掘手下的弱点，而是要关注手下的优点与才干，并让这些优势充分发挥出来。大多数人有挑选部属最为脆弱特质的习惯，而我总是要去寻找他们最为坚强的部分，让他们的优势能够在工作及需求上充分地发挥。就比如说我重用的阿奇博尔德先生。

我在选拔人才的时候，从不以自己的好恶为标准，我用人并不是首先看那些贴在他身上的标牌，而是看他在工作当中所展现出来的能力。没错，我喜欢自己偏好的人，但是我更清楚地知道，自己更喜欢的是效率。

阿奇博尔德身上其实有很多缺点，比如他嗜酒如命，可是我却是一个禁酒主义者。但是阿奇博尔德却有着不同一般的领导才华以及天赋，他的头脑非常敏捷，乐观并且幽默；他出众的口才和好斗的性格，是在日后激烈的竞争中获胜的保证。当他成为我的合伙人后，我一直对他非常有兴趣，我不断将重任交付给他，甚至直接提拔他接替我的职务。

他是一个天才的领导者，他的职业生涯是那样的特殊，如果没有他那坏习惯的影响，相信他的成就将会更加的耀眼。

我的目的是要在每位手下身上找出我所重视的价值，而不是那些我所不乐见的缺点。我找出每个员工值得重视的部分，并致力于将员工的优点转化成出色的才能，而不会试图修正他们的缺点。所以，我总是拥有健全能力、乐意奉献的部属。

亲爱的约翰，这个世界上没有无所不能的人，现在你只是一位管理者，你的成就全部来自你领导能力的发挥，依赖于你的雇员做事才能的发挥。你需要知道，你的手下可挑剔的地方不胜枚举，但是你要专注于发掘每个人潜在的优点，关注他们在工作细节当中的杰出表现，以及那些他们为了将事情做得更好，从而对完美的一种近似于苛刻的坚持，这就是你领导力的优势所在。

一个人是不能主宰一个集体的，我并不否认领导者在工作当中的巨大作用，但是就整体而言，最终获胜靠的是集体。我们所能够取得的任何荣誉都是依靠集体的力量，而不是我们个人，也只有所有人都付出努力，才能够相信并且引发奇迹的出现。

祝你好运！我的儿子。

爱你的父亲

第 34 封信

策略性思考才能掌控全局

亲爱的约翰：

打高尔夫球并不让汉密尔顿医生的腰围停止向外扩张，看来他只能用其他的运动来抑制自己脂肪的生长速度了。不过，这并不影响他用脑子当中各种稀奇古怪的故事给我们带来快乐。

就在今天，汉密尔顿医生讲了一个渔夫和垂钓者的故事，让我们乐不可支。他非常得意于自己故事的效果，笑着对我说："洛克菲勒先生，您是想要做渔夫呢，还是想做一个垂钓者？"

我对他说，倘若我做了固执的垂钓者，那么我就可能没有资本跟大家站在同一个球场里打高尔夫了，因为我现在的成就是我凭借自己有效的行为谋略所创造出来的，而垂钓者的固执行为却不能够造就我的成功。

事实上，任何一个垂钓者都是会在抛出诱饵之前做好事先的考虑的，他们也会有一定的计划、谋略，会有一定的目的：钓什么样的鱼、用什么样的饵料，又要将钓钩抛向哪里，等到这一切都考虑周全了，他们才会将鱼钩抛向水域，然后才安然地坐在那里坐等大鱼上钩。

也许很快他们就能够钓到鱼，也许他们最终一条鱼也钓不到，而那条他们理想中的鱼，也许永远都不会上钩。因为他们太过于执着利用自己的方式，尽管他们清楚地知道自己的目标是什么，但是那种方式却限制了自己成功的可能，除了那条鱼线之外，他们没有任何的捕鱼范围。但是如果像渔夫那样，张开网去捕鱼，那么就会扩大捕鱼的范围，最终收获的鱼量能够让他们任意地选择，从而获得自己想要的那条。

我跟汉密尔顿先生以及在场的朋友们说，我并不是那种按部就班、以最为简单的方法来解决问题的垂钓者，我是那种能够创造出更多的选择，甚至挑选出能够创造最多商业利益的渔夫。他们都笑了，说我泄露了自己赚钱的秘密。

亲爱的约翰，不管你做什么，先有许多想法是你找出完美想法的最佳途径。也就是说，在做出最完美的决定之前，要致力于寻找那些具有创意和功效的各种可能，考量尽量多的可行性方案，并且积极地去尝试各种选择，然后把重点放在最好的选择当中。

我总能捕获到大鱼的原因可能就在此。当然，我也会随时调整我的计划，即便是我的计划进展得不那么顺利，我也不会感觉到惊慌，总是能够很沉着地去应对。

很多人都觉得我有非凡的能力，是一位效率惊人、善于行动的领导者。如果事实真是如此的话，我想你也配得上这样的赞誉。只是你还需要克制简单、单向解决方案的那种冲动，要习惯尝试各种可行的办法去达成目标。在面对困难时你还要有耐心、勇气和胆略，同时，不达目的绝不罢休的执着精神也是必不可少。

作为一名领导者，我只会给我的部下们设立清楚明确的方向以及策略，但是我不会把自己局限在一个僵化的计划当中，相反，我会持续地探索能够实现策略的各种可能性。

许多人都认为，成功的关键是要有具体可行、目标明确的扎实计划。我承认这样很重要，但是这样也有致命的缺点，那就是计划强调的只是判断和预设的一个成功，人们所采用的方法也是为了达成目标而设定的一种固定的方法，因为这些方法是根据预期能够达成什么样的目标而专门设立的，因此在开始行动之前，选择的范围就大为受限。

虽然我们刚开始制订计划的时候，这计划看起来都似乎完美无缺，但客观形势在制订计划时可能已经有了变化。不仅仅市场的状况改变、客户发生了改变，甚至连那些支撑计划的资源也发生了改变。这也就难怪那些成本高昂，同时又费时费力的策略，只有极少的部分才能被真正地实行。

如何来应对这种状况呢？不论我们是为公司还是某个部门拟订计划，都必须确认自己所拟定的是策略，而不是细致入微的操作手段。因为策略本身是具有弹性的，是多面性的，它们所强调的是如何成长，或者是怎样扩大利润这样的成果，而不是刻意衡量的目标，同时策略只是给我们提供了一个大的方向，而不是达成目标唯一的方法。

先让自己成为策略性的思考者，而不仅是设计手段的“工匠”是成为卓越领导者的先决条件。我们要避免将自己局限在既定的文件流程当中，我们的座右铭是专注，但是具有弹性空间。我们更加看重的是探索的过程，在每天当中，我们都能开创那些有助于达成目标的方向。

为了远离随时可能到来的危机，我们必须不断制定新的策略，同时调整我们原有的计划。因为每天商业环境的不同而改变，同时我们也必须根据形势的变化，来修正自己长远目标的道路。这样在短期当中我们就能够维持弹性的风格，而且长期来看，我们有了一个能够符合最新经济环境的目标，同时也有了更加清楚的概念。我们可以将那些陈腐的策略放到一旁，精力充沛地继续前进。

不管实际情况看起来多么糟糕，都要成为一个希望主义者，请擦亮自己的双眼找出其中所蕴含的无限希望，永远都不要放弃寻找，因为希望是永远存在的。

所有的领导者都负有提供希望的义务，不但要帮助自己，同时也要帮助自己的部属们指引出一条光明的道路。回想一下生命中你感到最无望的那段日子，那很可能是因为你觉得自己已经无路可走，或者相信自己没有任何其他选择，你被困住、被放弃、找不到出路。

只有一个方法能够克服这种绝望，那就是要创造出能够持续跨越障碍的可能性。简单地说，就是希望源于自己相信有其他的选择存在。

杰出的领导者，要能够应对特定的商业状况，要随时制订创造新市场的机动计划，要具有处理危机的优异能力，学会帮助自己的员工规划发展事业的蓝图。一旦局势跌入谷底，就是需要你像个勇士去战斗的时候，即便是被对手压制得无法脱身，他们也从来不会放弃能够翻身的任何机会。

凭借着他们的才能以及随机应变的智慧，他们能够巧妙地利用空隙成功脱离险境。他们会在没有选择的劣势下，成功地杀出一条出路。

如果能在一开始就勇于发挥创意，就能够避免无止境的疲于奔命、挫折与痛苦。

事情看来已到了绝望的地步时，如果我们依然抱有无穷的希望，我们就能超越自己所设定的界限，且能提供给部属新的选择。所以，我们要勇于在别无选择中，毅然杀出一条生路。

爱你的父亲

第35封信

员工永远都应在第一位

亲爱的约翰：

想象一下这样的场面：在一个交响乐演奏会场上，每一位观众都渴望欣赏到一场美轮美奂的音乐盛会。但是，交响乐团的指挥却转身面向观众，留下音乐家们独自奋战、辛苦演奏，结果会怎么样？

这样的音乐会一定是糟糕透顶的。因为指挥忽视了音乐家，音乐家就会消极怠工，直到搞砸这场演奏会。

领导者就像是一个乐团的指挥，他必须倾尽全力来鼓舞员工，激励员工为公司做出更多的贡献，带来更大的经济效益。

能做到这一点的领导者可谓凤毛麟角。大多数领导者就像那位愚蠢的指挥，忘了善待公司职员，以致轻松地关闭了公司职员们情愿付出的大门。

幸运的是，我总会对员工关爱有加，总能够把员工的利益放在首位。

在我看来，实在无法找出忽视为我辛勤赚钱的员工的理由，我真心感谢他们为我和公司付出的一切努力，而且，我们这个社会本应该充满温情和关爱。

我爱我的员工，给予他们温情、平等和宽容，从不在他们面前高声呵斥、任意辱骂、盛气凌人。我绝对尊重他们，因为尊重不仅是我们道德的体现，而且也能激发员工努力工作的热情。

标准石油公司的每个员工都积极努力地为公司工作，这就足以证明，给他人以尊重，是高效激发其潜能的前提。

人性最基本的一面，就是渴望获得慷慨的帮助。我本人勤俭自持，却从没忘了要慷慨相助他人。在那次著名的经济危机中，我就是多次借债来帮助实在找不到出路的朋友和他们的家人渡过了难关，而且从来不催逼债务。

我给员工发放业界顶尖的薪酬，并让他们享受养老金制度，他们每年还可以向我提出加薪的要求。

虽然我的这种慷慨具有目的性，但我也清楚自己有责任来帮助员工提高生活水平。我希望我的每一个员工都因为我而变得富裕。

领导者应该当员工的守护神，员工的问题就是领导者的问题。我可以选择满足他们的需求，也可以选择忽略，但是我一般会选择前者。我总是想方设法了解到员工的需求，然后想办法尽力满足。

我总试图了解员工需要什么，接着就想办法满足他们的需求。我不断询问他们两个问题："你需要什么？"和"我可以帮上什么忙？"我随时都在旁边关心他们。

虽然正常的薪水就足以让有些人倾其全力来为公司工作。但是，对有些人来说，给予他们重视，才能让他们努力工作。我认为，每个人都渴望得到他人的认可和重视，受到他人的尊重。每个人都在内心里呼喊着：请重视我！

我无法想象一个人在工作或在家庭中不被重视的痛苦，我的目的是要让每个人在工作时都能如沐春风。我总是像私家侦探一样，努力挖掘员工的潜能和才华。当我觉得员工的潜能足以让我对他委以重任的时候，我会毫不犹豫地给他应有的重视和地位。

一个善于激励的领导者应该时刻记住，要让员工觉得跟随你是有发展和提升空间的，而给予员工充分的重视和委以重任，也是激发他们在工作上再创佳绩的潜在动力。

做和善、温暖、体贴的领导者，可以使员工精力充沛，士气高昂。同时，对员工时常表示感谢，也具有很大的作用。我会不吝表达心中的感激之情。没有一件事的影响力，比及时而直接的感谢来得更为深远。我最喜欢在员工的桌子上留下一张写满我感谢之词的便条纸。员工可能对我花了一两分钟写就的感激语记不清楚了，但是我所表达的感激之情在很多年后，还是会有鼓舞人心的力量。

经过多少年后，他们还都能记得我这个慈爱的领导者留给他们的温暖鼓励，并视其为一个珍贵的箴言。这就是一则简单的感谢声明，能够展现强大力量的另一个明证。

亲爱的约翰，现在你已经是个领导者了。你的成就来自你的能力，也来自所有员工能力的发挥，我相信你知道该怎么做了。

爱你的父亲

第 36 封 信

财富越多，责任越大

亲爱的约翰：

这次给你写信，我是真的很高兴，因为一场险些酿成重大国难的金融危机风暴总算是过去了！

如今，我想，我们那位合众国总统——西奥多·罗斯福先生，总算是能够安心地到路易斯安那去继续安心打猎了。虽然他在这场巨大灾难的面前表现得极其无能，甚至有些让人吃惊，但是，此刻他还是依然能够悠然自得地继续他的打猎活动去了。当然，我们的这位总统先生并不是什么也没有做，他用他的“担忧”支持了华尔街。

坦白地说，我对总统先生充满了厌恶之情，一想起他对标准石油公司的所作所为，我就感到一阵气愤涌上心头。他倚仗自己手中的大权，成功地策划并发动了一场极为不公的竞赛，并且成为竞赛中的获胜者，成功地让美国联邦法院开出了一张美国历史上从未有过的巨额罚款单！

我坚信我们的公司不是一文不值的垃圾，凭借着我们一流的管理队伍、充足的资金，我们一定可以化险为夷的，再大的风险与打击也不会将我们击倒，我们的财富最终会因这些健全的机体而源源不断地来到我们的手里。

我们握在手里的每一分钱都是用我们的智慧换来的，那里面渗透了我们的辛勤劳碌，我们每前进的一步都付出过自己辛勤的汗水，我们的事业都是用我们的生命奠基打造的。可是，犹如疯子一般的他们根本就不想了解我们成功的过程，他们一味地偏执，只相信他们自己低能的想法，蔑视我们的经商才能，玷污我们的勤劳和智慧，将我们以优质、廉价的煤油照亮美国历史的事实看作一文不值的行为。

我问心无愧，最坏的结果也无非是他用他手中的权力强行毁掉我们这个辉煌而又存满欢乐的大家庭而已，至多不过如此。但是，我们的快乐不会停止，我们的辉煌也不会轻易落地。我坚信建立在现实基础上的未来是会证明一切的。

不管我们正在经受的是怎样的考验，我们都不能够让一时的情感掌控了我们的思维，因为我们知道愤怒一旦压制住良知，结果会是恐怖的。当厄难降临到人们头上的时候，我们没有理由作壁上观，我们会良心不安的，我们必须得挺身而出。我们都是合众国的公民，我们有职责让我们的国家和同胞们免于灾难，何况我们又都是上帝的子民呢！而身为富人，我更清楚：拥有巨额财富的同时还肩负着重大的责任，我们负有造福人类的使命。

这场席卷华尔街的金融风暴使得存款的人们惶恐至极，银行大楼前挤满了要取款的人群，挤兑局面愈演愈烈，眼看着一场即将导致美国经济再度陷入大萧条的危机就要莅临了，我预感到，我们的国家已经陷入双重困境中——政府缺乏资金，民众缺乏希望。

于是，我打电话给斯通先生，告诉他让美联社用我的话请国民放心，那两句振奋民心的话是：我们的国家从来不缺少信用，金融界的人士们也一直都是把信用看得比生命还重要。倘若你们非要要个证明的话，我很乐意将自己一半的证券拿出来帮助国家维持信用。请大家相信我，强烈的金融地震是不会在我们的国家发生的。

现在，危机已然成为过去，华尔街已经安全地接受了金融危机的洗礼。

我感到自豪，因为我为这一刻的到来，做出了我应该并且能够做的一切，正如《华尔街日报》上说的那样，“洛克菲勒先生用他的声音和巨额资金扼住了华尔街金融恶魔的咽喉。”只是，还有一点大家永远不会知道的秘密是，在克服这次金融风暴过程中，我从自己的腰包拿出的钱是最多的，这也是最让我感到自豪的。

当然，我认为在抵抗这场金融风暴的过程中，摩根先生功不可没，正是他的英明指挥才使得这场危机能够如此快速地结束。这位英勇的指挥官，用他超群的智慧将一群商界名流聚集在一起，拧成抗击危机的巨大战线，并以他无可替代的金融才能和果决个性拯救了整条华尔街。因此我说，合众国人民应该感谢他，华尔街的市民们更应该感激他。

现在，许许多多的人，当然还有各大报社里，都在纷纷赞扬慷慨解围这次危机的人士们。但是，这些赞扬在我的面前一文不值。在我看来，良心的安慰比什么报酬都有价值，国难当头，我们还有什么可说的呢，没得推脱，当仁不让，挑起该挑的大梁。我想那些真心对国难伸出援助之手的绅士们和我有着一样的感受，他们也仅仅是想尽自己的所有力量去帮助国家，用自己的信仰和忠诚之心映照我们的祖国。

今天是我人生辉煌篇章的再现，但是，我的人生历程并不是没有可耻的记录。46 年前，当数不清的热血青年在祖国母亲的召唤下，忠诚地奔赴解放黑奴战争的前线，为维护国家的统一抛头颅洒热血的时候，同样身为青年的我却以公司刚刚开业，以及我的家人要靠我的力量来过活为由，拒绝参战为国奉献。

这个看似足以让人心安理得的理由却让我背负了很长一段时间的良心债，因为那时国家有难需要我们去出力、流血甚至是奉献生命，但是我却没有为国家献出我的绵薄之力。后来这件事一直让我感到良心不安，直至十几年前爆发的那场金融危机，我才得以抓住一个赎罪的机会。当时，联邦政府没有办法保证黄金储备，华盛顿总统向摩根先生请求援助，但是摩根先生也表示无能为力，就在这时我拿出巨额资金帮助政府平息了那场金融恐慌。这使得我兴奋不已，赚得多少钱也不能比这件事更使得我兴奋了。

但我从未把自己视为拯救者，更未自命不凡，只有傻瓜才会因为有钱而自命不凡，因为我是公民。我知道，我拥有巨大财富，我也因它而承担着巨大的公共责任，比拥有巨大财富更崇高的是，按照祖国的需要为祖国服务。

亲爱的约翰，我们是非常富有，但在任何时候，我们都不该肆意花钱，我们的钱只用在为人类创造价值的地方，而绝非给任何有私心的人一点点好处。

名誉和美德是心灵的装饰，如果没有它，即使肉体再美，也不应该认为美。

爱你的父亲

第 37 封信

充实自己的心灵

亲爱的约翰：

我们的身体有食欲，同样，我们的精神也存在着食欲。但是很多人却常常以没有时间为借口，让自己的心灵忍饥挨饿，只有在很偶然的机会当中才会充实一下它们。

也许我的看法有些悲观，我们正处于无限制满足脖颈以下却在忽视脖颈以上需求的时代。现实中，你经常听到有人这样说：忘记吃午餐可是一件大事。可是你从来没听到过：你满足过自己精神上的饥饿吗？难道我们每个人天生都是精神富足的人吗？答案显然是否定的。

在我们这个世界上，精神饥渴的人随处可见，那些生活在沮丧、消极、失败、忧郁中的人，他们都迫切需要精神的滋养和灵感的召唤，但他们几乎忘记了再充实他们的心灵，任由心灵黯淡无光。

如果空虚的大脑能够像肚子一样，需要一些东西填满才能让主人满足的话，那该是一件多好的事情。可惜，这个世界上没有这样的事情，反而人们要接受心灵空虚的惩罚。

心灵是我们每个人真正的家园，我们是好是坏都取决于心灵的抚育。因为进入这个家园的每一件东西都有一种独特功效：它们或许会有所创造，为你的未来做准备；或者会有所毁灭，降低你未来可能的生命成就，例如积极。

成功人士之所以那么积极，是因为他们不会忘记自己每天的精神食粮。他们非常清楚，自己的心灵如果充实了，就永远都不会发愁如何填饱自己的肚子，甚至不会为自己老年的财务问题感到忧愁。

一个人必须找到自己的家，才不至于四处流浪沦为乞丐。因为我们要接纳自己，所以即使你要出卖心灵，也要让自己成为买主。

我们要学会接纳自己。

两年前，卡尔·荣格先生曾经给我讲过这样一个故事：

有一个人被洪水困住了，所以他只能够爬到屋顶上去避难。邻居当中有人游过来说："约翰，这次的大水真的是太可怕了，是不是？"

约翰回答道："不，它并不怎么坏。"

邻居有点吃惊，就反驳说："你怎么说不怎么坏？你的鸡舍已经被冲走了。"

约翰说："是的，我都知道，但是从六个月之前我就开始养鸭了，现在它们都在附近游泳。每一件事情都还好。"

"但是，约翰，这次的水可是冲毁了你的庄稼。"邻居坚持说。

约翰回答说："并没有。我种的庄稼都是因为缺水而受损的，就在上周，还有人和我说，我的土地需要很多的水，你看，这次我的问题全部解决了。”

那个悲观的邻居再次对满脸微笑的约翰说：“可是约翰，你看，大水还在上涨。就要涨到你的窗户上了。”

乐观的约翰笑得更开心了，说道：“我正是希望这样啊，我家的这些窗户实在是太脏了，十分需要清洗一下。”

这听起来像个玩笑。但显然这是一种境界——决定以积极的态度来应对这个纷繁复杂、顺逆起伏的世界。一旦达成这种境界，即使遇到消极的情况，我们也能使心灵自动做出积极的反应。为了能够达到这种境界，我们只能不断地充实、洁净我们自己的内心。

每个人都能够改变或者是被改变。荣格先生说过，只要改变一个人的词汇，就能够重塑出他的生活、他的收入、他的享受，甚至是改变他自己的人生。比如说恨字。如果我们能够把这个字从自己的字典里消除，然后用爱来替代它。显然，这种移除和取代的文字，是没有止境的，但是我们的心灵却会在这个过程当中变得更加的纯净。

我们的心灵是依靠供给它的东西而作转变动力的。所以说，放进我们心灵的东西对我们来说是极为重要的，尤其是对我们的未来尤为重要。而现在最重要的一个问题是，要如何喂养我们的心灵，要如何去找寻我们的精神食粮。

我不知道你是否听说过，伐木者的产量下降仅仅是因为他没有时间去磨利他的斧头。我们常常就如那个愚蠢的伐木者一样，只知道花费大量的金钱和时间去装饰我们头脑的外面——剃胡须、理头发，但是我们却常说自己没有时间和金钱去装饰我们的头脑内部。孩子，难道这是没有必要的吗？不，显然是大有必要的。

精神食粮并不难找，例如书籍就是一种。那些由伟大心灵撞击而出的书籍，都是洗涤、充实我们心灵的食粮，它们早已一劳永逸地为后人指明了方向，我们可以从中随意挑选出需要的任何东西。因为伟大的书籍是伟大的智慧树，也是伟大的心灵之树，阅读它们，我们将得以重生。让我们变得既聪慧又谦逊些吧。

当然，我们所需要的是那些真正能够带给我们行动信心和力量的图书，那些能够把我们的人生推向另一个高度，引导着我们一心向善的图书，比如说《奋力向前》。

它就是一部震撼我们灵魂、点燃我们生命之光的伟大著作。我坚信美国民众都将因为它的面世而受惠，如果能够受之熏陶，就能用最积极的方式发挥自身的能量，实现心中的梦想。我甚至想说，谁要是没有读到这本书，很可能就错过了成就伟大人生的机会。这本书能为所有的人开启幸福之门，我希望我的子孙后代都能去读这本书。

引导人们向上攀爬的动力，是一种日渐茁壮日渐旺盛的驱动力。那些拥有成功人生的人，相信都能够体会到。高峰上有很多的空间，但是没有一个空间是给人坐下停留的。他们知道，心灵就像是身体一样，一定要定期地去给予它们营养，身体和心理上面的营养，全部都要照顾到。

亲爱的约翰，没有什么能够阻止我们回家的道路，除非是我们自己不想回来。让你的心灵之光，照耀起我们前进的道路吧！

爱你的父亲

◇ 充实自己的心灵 ◇

这是一种境界——决定以积极的态度来应对这个纷繁复杂、顺逆起伏的世界。一旦达到这种境界，即使遇到消极的情况，我们也能使心灵自动地做出积极的反应。

第 38 封信

谁都能成为大人物

亲爱的约翰：

《马太福音》中记载着这样一句圣言：“你们是人世间的盐！”

这是一个平凡而发人深省的比喻。盐，食之有味，同时又可防腐、洁物，真是上等之物。基督想用这个圣洁的比喻来教诲他的门徒，希望他们明白自己应该肩负什么样的使命以及需要发挥什么样的作用。他告诉人们，他们来到这个世界上，为的是净化、美化这个世界，他们的职责是让这个世界免于腐败，让人们拥有更新鲜、更健康的生活气息。

盐的第一特征是具有盐味，盐味象征着高尚、虔诚的宗教生活。儿子，我们应该用我们的财富、原则以及信仰去做些什么呢？我们要做世上的盐，我们要释放我们本真的味道，去积极地奉献社会、服务社会，造福人类。这是我们唯一的一个社会责任！

我们当下的伟大责任就是献身世界以及众人，使得他们得福，要专心于我们的奉献艺术，在我看来这就是最伟大的行为了。

跟你说到了伟大一词，勾起了我对一篇伟大的演讲稿的记忆。

我还记得我从中体味到的一个道理：人没有什么了不起的，但是也没有什么比人更了不起的了，这关键是要看你为你的同胞以及祖国作出了怎样的贡献。

这篇演讲稿给了我很大的启发，我想把它抄录下来给你看，希望能够也对你的未来有一定的裨益。

爱你的父亲

演讲稿

亲爱的女士们，先生们：

今天，我很荣幸能够在这里得以会晤诸多大人物。我知道大家一定会说这个城市里不会有什么大人物，真正的大人物都出身于伦敦、旧金山、罗马或者是其他大城市里，本地是没有什么大人物的，大人物都来自这个城市以外的地方。是这样的吗？倘若我猜对了，那么我告诉大家，你们的想法大错特错了。实际上，我们这里的大人物绝对不比其他大城市里的少。在座的各位男士、女士听众里，就不乏诸多大人物。

现在，我斗胆放言，希望大家允许，我们通常在判断某人是否是大人物的时候，会犯一个重大的错误，那就是我们总认为大人物都坐在一间敞亮的大办公室里。但是，我想告诉大家的是，在这个世界上根本就没有一个衡量什么样的人是最伟大人物的统一标准。

也许大家会感到惊奇，也许有人会问我，尤其是性急的青年人，“究竟谁才是世界上最伟大的人呢？”是啊，究竟谁是这个世界上最伟大的人呢？这是个值得考究的问题。好吧，我告诉大家吧，朋友们，大人物不一定都坐在高楼大厦里特设的舒适办公室里，坐在舒适办公室里的人也未必都伟大。人之所以伟大是在于他自身的价值，而非他的金钱、地位和身份，有谁会说一个只会吃粮食的君王比一个辛勤耕作的农夫更伟大呢？但是，也请大家不要责备那些自以为自己身居某个重要职位就一定会成为大人物的年轻人们。

现在，我想问大家一个问题，请问诸位听众，你们有谁在准备将来做个伟大的人呢？

喂，朋友，就是你，戴西部牛仔帽的那个小伙子，你不是一直都在说总有一天你会成为这座城市里的大人物吗？我想知道这是不是你的真实想法。是吗？

你准备在什么时候实现这个心愿呢？

发生另外一场重大战争的时候？在枪林弹雨中冲锋陷阵？扯下敌人的军旗？到时候你就可以胸前挂满军功章凯旋了？心满意足地担任政府褒奖给你的公职，这就是你想成为的伟人？英雄？

哦，不！不是那样的！不能！我年轻的朋友，这样的做法并不能成就真正的伟大，不过，我们没有理由去责备你这样的想法，你从上学起就接受着这样的教导，也是从那时起在你的内心里萌生了这样的伟人梦想。的确，那些担任重要官职的人们都是曾经的战斗英雄，他们参战过，并英勇地为祖国奋战过。

我依然记得，美西战争刚刚结束的时候，我们这座城市经历过一次浩大的和平游行运动。当时，围观的人们告诉我，游行队伍走上步洛大街的时候，霍普森先生的四轮马车在我家大门口停下了，所有围观的群众都将礼帽抛向天际，挥舞着手帕高声呼喊着："霍普森万岁！万岁！"老实说，我当时要是在现场的话，我也会那样做的，因为霍普森先生本该获得这种伟大的赞誉。

但是，倘若我明天到大学讲坛上去向大家提问："孩子们，是谁将梅里马克号击沉的呢？"

我知道他们80%会回答说："霍普森先生！"我也可以说，他们的回答仅仅只说对了1/8，因为击沉梅里马克号的人共有8个，也就是说，除了霍普森先生以外还有7个人也参与了这次行动，由于职位的关系，那7个人一直暴露在西班牙敌军的炮火攻击下，而霍普森先生身为指挥官，极有可能是置身于两军交战炮火之外的。

朋友们，今晚在座的各位听众都是文化人，但是，我敢说，诸位当中没有一位能够说出和霍普森先生一起战斗过的其余7个英雄的名字。

先生们、女士们，我不知道我们为什么要以这种方式来教授历史课程？其实我觉得我们应该让学生们明白，一个人不论他的职位是多么低微，只要他能够尽职尽责，那么美国人民褒奖给他的荣耀是应该同国王一样高的。

大多数人教导自己的孩子的方式都是这样的：走在哈德逊河畔的儿子问他妈妈："妈妈，妈，那栋高高的建筑物是什么呀？"

"哦，亲爱的，那是格兰特将军的坟墓。"

"格兰特将军？他是什么人呀？"

“哦，孩子，他是个了不起的英雄，是平定叛乱的伟人。”

不可思议，我们为什么要这样教授孩子历史呢？请大家仔细地想一想，仅凭格兰特将军，我们就能打赢战争了吗？哦，不！显然不是那样的。但是，那我们为什么又要在哈德逊河上建造一座格兰特将军的坟墓呢？其实，并不是因为格兰特将军本人的伟大才建造那座坟墓的，那座坟墓之所以会被建起，是因为格兰特将军是那次战役的代表人物而已，他代表了20万名为国捐躯的热血英雄，那其中的许多人都和格兰特将军有着同样伟大的功绩。这才是那座美丽的坟茔真正耸立在哈德逊河畔上的原因。

还有一件事情也是可以用来证明这一道理的，这可能是我今天晚上所能为大家回想起的唯一一个例子吧。坦白地对大家说，这是一件令我感到惭愧的事，我永远也无法将其忘掉。只要我闭上双眼，大脑就会将我拉回到1863年，我的眼前就会出现我那位于伯克郡山的故乡，我可以看见挤满牛市以及当地教堂和市政厅的人群；我也可以听见激昂的乐队奏曲声，鲜艳的国旗在高空中飘扬，人们手里的帕子在迎风招展，就像一群群美丽的起舞蝴蝶。我记忆犹新，喧闹的人群是去迎接一连兵士的，那连兵士也正列着方队踏着齐步向人群走来。他们是在南北战争中服役满一期的老兵，要延长一期的服役时间，家乡的父老乡亲们是在为他们欢欣鼓舞呢。当时，我仅仅是个年轻气盛的小伙子，可是我已经是那个连的连长了。那一天里，我一直表现出得意扬扬的神情，活像个鼓足了气的气球，只要遇上一根细细的针，就会爆裂的气球。我无比骄傲地走在队列的最前面，高昂着我的头颅。

我们的连队在乡亲们的鼓舞中走入了市政厅，我的兵士们被安排坐在大厅中央，我则坐在他们的最前排，紧接着镇上的官员们也列队从挤得水泄不通的人群中走了过来，径直走上讲台，依次在围成弧形的座位上入座，市长在那个弧形座位中央就座了，这位市长是位头发灰白的老者，之前从未担当过什么样的重大公职。但是当时，他认为既然自己已经担任公职，自己就是一位大人物了。当他站起来准备开始演讲的时候，他先扶了扶他那副自认为很有分量的眼镜，接着以极其威严的眼神环视了一圈台下的听众。突然间，他那炯炯的目光闪耀着灼灼的光芒直射向我，然后这个好心的老人走向了我，诚恳地邀请我上台同那些镇上的官员们同坐在一起。

哦，市长邀请我上台！要知道，在我从军之前，我从来没有受到过任何一位政府官员这样的重视。我应邀坐在了台上，我腰间的佩剑像是威严的权杖一样垂在地板上。我高傲地昂着头，双臂抱在胸前，准备接受乡亲们的欢迎，我觉得自己就像是拿破仑五世那样辉煌！但是，骄傲总是在毁灭与失败之前显露。

这时，老市长要代表民众发表欢迎演说了，要向我们这批凯旋的军人们致辞，他颤巍巍地从衣袋里掏出准备好的演讲稿，小心翼翼地将其摊在演讲桌上，然后又扶了扶眼镜。我相信他之前一定已经很仔细地研究过那篇演讲稿了，不然的话，他的举动也不至于那样仔细，他先是从演讲台后面后退几步，然后摇摇头又向前走了几步，最终采取了极为正规的演说家的姿态——身体前倾，重心放在左脚上，右脚轻轻向前移开，双肩后缩，以45度的角度伸出手，然后开口说道：

“亲爱的市民们，各位乡亲，我们都非常的激动，为欢迎这些英勇的战士们欢欣……英勇参战的……不畏流血的……战士回到了故乡，我们当然为之高兴。尤其令我们兴奋的是，今天跟大家在一起的，还有这位大无畏的年轻英雄（边说着边指着我）……我们的这位小英雄，在想象中，他曾在我们的脑海里英姿飒爽地率领着他的连队同敌人进行过殊死搏斗。我们看见了他那柄闪闪发光的佩剑……在耀眼的阳光下发出刺眼的光芒，他以嘹亮如虎啸般的声音呼喊着他的部下冲锋……”

天哪！我明智的上帝呀！您竟然没有赐给这个好心的老人一点战争的常识。我想只要是懂得一点战争的人，就不会不知道这样一个事实：步兵军官在危急时刻根本就不可能跑到军队的最前方，那是天大的一个错误，军家大忌呀！我竟然在人们的想象中，高举着明晃晃的刺刀，对我的部下狂喊“冲锋”！我的天，我从未那样做过呀！

大家想象一下，我能够跑到队列的最前方，还高喊冲锋，等着双方部队的夹击吗？一名合格的军官是绝对不可以那样做的。实际战斗中，军官应该在的位置就是军队的后面。因为是参谋指挥作战，所以当叛军从树林中杀出，由四面八方向我方袭击来的时候，我总是要骑着自己的高头大马对我的部下们高喊：“军官后撤！快！军官后撤！”而绝不是“军官跑到最前面高呼冲锋去！”我呼喊过后，每个军官都会自动撤退到军区后面，而且往往军阶越高的军官撤退得越远。这不是因为军官们贪生怕死，而是出于作战的需要，是一种固定的作战规则。你想呀，如果指挥作战的将军跑到作战前线去和敌人死拼，而且被击毙，那么这场战争还有胜的可能吗？必输无疑呀！因为整个作战计划都装在将军的脑子里，将军一旦处于危险境地，那么整个战略计划就会打乱，打乱战略的军队能不输吗？所以军官必须处在绝对安全的地方。

哦，真是不可思议，我竟然会拿着那柄“在耀眼阳光下发出刺眼光芒的佩剑”大喊冲锋，哦，那真是可笑。啊！那天坐在市政大厅的兵士们当中，有的曾经用他们的生命保护过我这个年少的军官，有的还背着我横渡过湍急的河流，还有些人因为已经在战争中牺牲了没有到场，尽管演讲中也提到了他们的名字，但是没人会去注意到他们。对呀！正是这样，真正为国捐躯的伟大人物们却没有受到大家的仰慕，而我这个小男孩军官却被大家神乎其神地传颂为当时的英雄。

我怎么会被当成是英雄呢？道理很简单，只因为那位演讲的老者和听众们都掉进了愚蠢的思想陷阱里——这个年轻人是军官，而其他的人只不过是小小的兵士而已。就在那一刻我获得了一个令我永生难忘的教训：真正的伟人之所以伟大，并不是因为他拥有某种特殊的官衔或职位，而是因为他用卑微的工具创造出了伟大的成就，用自己默默无闻的一生完成了自己的人生目标。

一个人只要他能够为大众提供宽敞的大道、安逸的住宅、庄严的学校、肃穆的教堂、诚挚的训诫、真心的祝福，只要他值得当地人民感谢他，那么无论这个人走到哪里，他都是人们心目中的伟人。

在座的朋友们，我希望大家都能够清楚，我们应该在有意义的行动中生活下去，而不是在空熬日子；我们应该在实际的情感中生活，而不是在虚幻的电话数字按键上浪费感情；我们应该在自己的高尚思想中生活，而不是在摸不着的空气中瞎想；我们应该在正确的目标下，用自己的脉搏跳动来计算自己的人生。

朋友们，如果你今晚没有注意我之前所说的话，那么请集中注意力聆听并且记住我接下来要说的话：思考最深刻、情感最高贵、行为最正当的人，也是生活得最充实的人！